당신의 기록은
꽤나
대단합니다

메가스터디 × 탈잉 러닝 시리즈 03

당신의 기록은 꽤나 대단합니다

이경원 지음

하루 5분 다이어리 루틴의 힘

메가스터디BOOKS

원치 않는 모습으로 원치 않는 삶을 살아가던 나를
일으켜 세운 것은 생각과 감정을 쏟아내던 다이어리였습니다.

다이어리를 쓰는 본질적인 이유는 불안을 덜기 위함이었습니다.

무언가 안정적이지 않을 때, 눈앞에 텍스트로 내 불안이 보이면

이내 마음이 잠잠해졌지요.

머리와 어깨를 짓누르던 고민도

한결 만만하게 느껴졌습니다.

다이어리는 무엇보다 '나'에 대해

알아차릴 수 있도록 돕는 도구입니다.

내가 진짜 원하는 삶에 대해 매일 생각하고,

솔직한 감정을 조금씩 써 내려가다 보면

내가 어떤 사람인지 알 수 있습니다.

내가 원하는 모습으로,

나에게 맞는 옷을 입고 살아가고 싶다면

다이어리를 펼쳐보세요.

매일 작은 칸에 무엇을 어떻게 써야 하는지 알게 된다면

틀림없이 머지않은 미래에

만족스러운 자신의 모습을 마주하게 될 거예요.

기록의 힘을 느껴보세요!

어느 날 장 폴 사르트르의 명언 "Life is C(Choice), Between B(Birth) and D(Death)."를 곱씹다가 삶이라 정의할 수 있는 C로 시작하는 단어들을 떠올려봤습니다.

Change(변화), Chance(기회), Creativity(창의력), Challenge(도전), Celebration(기념), Courage(용기), Confidence(자신감)….

삶은 '탄생과 죽음 사이의 선택'이라는 말도 맞지만 '변화와 기회를 찾아 떠나는 짜릿한 도전의 여정'이기도, '지루하다가도 기념할 거리가 넘쳐나는 흥미로운 여정'이기도 하지요.

안타깝게도 많은 사람이 사회생활을 하면서 C를 Competition (경쟁), Company(회사)와 같은 단어들로 채웁니다. 저는 그런 사람들을 돕고 싶었습니다.

탈잉 <소원을 이루는 다이어리 클래스>도 그런 마음으로 진행했습니다. 많은 이들이 각자의 C에 좀 더 긍정적인 단어를 붙이고, 더 나은 선택을 할 수 있도록 말이지요.

이 책 또한 여러분이 수많은 선택의 기로에 놓였을 때 그 선택을 돕기 위해 썼습니다. 사실 저는 새로운 시도 앞에서 두려움과 불안에 떨었던 적이 많았고, 그때마다 다이어리에 제 내면을 들여다보는 글을 썼습니다. 그리고 그렇게 차곡차곡 쌓인 문장들은 제 생각보다 훨씬 더 대단한 힘을 갖고 있음을 경험했습니다. 제 삶을 통해, 이 책을 통해 무언가 기록하는 날들이 모이면 반드시 성취로 이어진다는 사실을 증명하고, 알려드리고 싶습니다.

용기를 내서 글을 써 내려갈 수 있도록 도와주신 메가스터디 단행본개발실 정은경 과장님, 김민정 팀장님 그리고 멋진 기회를 선물해주신 탈잉 김윤환 대표님께 마음 깊이 감사드립니다.

여러분이 B와 D 사이의 C를 찾아 떠날 때, 부디 그 여정 가운데 용기와 끈기의 근간이 되어줄, 소중한 문장을 기록한 다이어리를 들고 가기를 바랍니다.

이경원

차례

☐
☐
☐

☐
☐
☐

Part 02 기록으로 삶이 달라지다

Part 03 소원을 이루는 다이어리 작성법

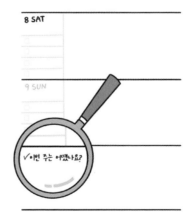

Part 01

○

□

나는
매일 나를
기록한다

Chapter 01

어떤 사람이
되고 싶은가

'올해는 다른 사람으로 거듭나겠어!' '올해는 꼭 소중한 일상을 기록해봐야지.'

연말연시가 되면 비장한 마음으로 다이어리를 마련합니다. 그런데 왜 우리는 다이어리를 사놓고 안 쓰게 되는 걸까요? 아니, 그보다 꼭 써야 하는 걸까요?

죽고 사는 문제도 아니고 당장 내일 돈을 가져다주는 것도 아니니 꼭 써야 할 필요는 없지요. 그렇지만 20대에 다이어리를 제대로 써서 자신을 활용하는 방법을 배워나가게 된 것을 가장 큰 축복이라고 여기는 저는 다이어리를 꼭 쓰라고 말씀드리고 싶습니다. 그리고 이것을 업으로 삼을 만큼 다이어리를 사랑합니다.

성공한 사람들을 보면 '기록'하는 습관을 가지고 있다는 걸 잘 알 것입니다.

최근의 사례를 하나 들어볼게요. 2020년 도쿄올림픽 육상 여자 높이뛰기 결선에 인상적인 장면이 포착되어 화제가 되었습니다. 2미터02를 넘어 은메달을 확정 지은 호주의 니콜라 맥더모트가 어딘가로 뛰어가는 장면이었어요. 그녀가 뛰어간 곳에는 일기장 한 권이 놓여있었습니다.

일기장과 펜을 손에 쥔 맥더모트는 막힘없이 뭔가를 적어 내려갔어요. 그리고 그녀가 기록하는 모습은 전 세계에 생중계되면서 지켜보는 많은 이에게 감동을 선사했습니다.

그녀는 어릴 때부터 꾸준히 일기를 써왔는데, 9살이던 2005년에 쓴 '하이점프 드림'이라는 일기의 마지막에 "올림픽에 출전하는 게 나의 가장 큰 꿈"이라는 문장을 적었다고 해요.

9살 소녀의 꿈이 16년 만에 이루어지는 순간이 전 세계에 알려진 셈이죠. 그녀가 쌓아온 기록이 자신을 은메달리스트로 만든 것입니다.

고된 하루의 끝에 눈꺼풀이 무겁고 잠이 솔솔 오는 밤, 불도 끄고 누웠는데 영양제를 챙겨 먹지 않은 게 생각난다면 그때 몸을 일으키나요? 저부터 생각해보면 '귀찮은데 그냥 오늘은 거르고 내일 먹지 뭐.' 하며 몸을 일으키지 않습니다. 통상적으로 이 질문에 100명 중 2명을 제외하고는 저와 같이 몸을 일으키지 않는다고 해요. 이 책을 읽는 독자분들 중에 몸을 일으키는 2명에 해당되는 분이 있다면 그 의지력에 박수를 보냅니다.

사실 영양제를 먹고 안 먹고는 그렇게 중요한 문제가 아닙니다. 다만 왜 영양제를 위해 몸을 일으키지 않는지를 생각해보면, 그것이 다이어리 쓰기를 포기하는 이유와 일맥상통한다는 걸 알 수 있습니다.

만약 우리가 영양제를 단 하루만 먹어도 다음 날 피부에서 광채가 난다거나, 업무 효율이 오른다거나, 머리가 팽팽 돌아가 아이디어가 샘솟는다거나, 어제까지 얄미웠던 아랫배가 쏙 들어간다면, 귀찮아도 기꺼이 몸을 일으킬 거예요. 그렇지만 영양제를 하루 거른다고 해서 어떤 일도 일어나지 않을뿐더러 심지어 먹는다고 해도 단기적으로는 눈에 띄게 좋은 점도 없으니 몸을 일으키지 않게 되죠. 그럼에도 불구하고 우리가 영양제를 챙겨 먹으려고 노력하는 건 꾸준히 먹으면 어딘가 좋을 거라는 기대감이 있기 때문입니다.

다이어리를 쓰는 것도 같은 이치입니다. 사람들은 다이어리를 바쁜 일과나 업무를 정리하는 스케줄러, 일상을 기록하고 싶을 때 간헐적으로 쓰는 일기장과 같다고 생각합니다. '오늘은 피곤한데… 귀찮은데… 그냥 다음에 쓰지 뭐.'라거나 '오늘은 진짜 쓸 말이 없는데? 출근하고 퇴근하고 회사에서도 어제랑 똑같은 하루였는데 무슨 말을 하겠어!' 하며 다이어리를 하루 이틀 멀리합니다. 하루 이틀은 일주일이 되고 한 달이 되어 '이렇게 된 거 올해 다이어리도 포기다!' 하게 되는 거죠.

그렇지만 스케줄러, 일기장과 구분되는 다이어리만의 마법의 힘을 알면 더는 그렇게 이야기할 수 없을 거예요.

Chapter 02

생각과 시간을 눈으로 보면
생기는 일

다이어리는 보이지 않는 2가지를 보이게 해줍니다. 바로 '생각'과 '시간'이에요. 내 생각은 내가 제일 잘 알고, 시간은 휴대폰 화면을 두 번 두드리기만 해도 보이는데 무슨 말을 하는 거냐고요? 자, 지금 '올해 12월 31일이 되었을 때 어떤 사람이 되어있고 싶으세요?'라는 질문을 받았다고 생각해보세요. 여기에 얼마나 빨리, 그리고 구체적인 답변을 할 수 있나요? 가시적인 목표가 아닌 근본적으로 어떤 사람이 되고 싶은지, 삶의 목적을 묻는 질문이기에 더 어렵게 느껴질 수 있습니다.

'올해 12월 31일이 되었을 때 어떤 사람이 되어있고 싶나요?'

이 질문은 제가 강의를 시작할 때 수강생들에게 가장 먼저 하는 질문이자 가장 중요하게 여기는 질문이에요. 속마음을 깊이 들여다보려면 때로는 답을 작성하기까지 1시간 가까운 시간이 걸릴 만큼 어려운 질문입니다. 이 질문이 어려운 이유는 답을 몰라서가 아니에요. 이직, 건강, 투자, 부, 명예, 여행 등 목표 너머에 있는 목적, 즉 내 욕구의 민낯을 찬찬히 들여다볼 여유를 갖지 않아서죠.

많은 사람이 자신이 어떤 생각을 하는지조차 모르고 살아갑니다. 내가 했던 중요한 생각 역시 주먹 사이로 빠져나가는 모래알처럼 놓쳐버리기 일쑤고, 삶의 갈림길에서 중요한 선택을 할 때도 진짜 내 욕구를 들여다보지 않고 다른 사람의 조언에 더 귀를 기울이곤 합니다. 신기하게도 '내가 이런 감정과 생각을 느꼈구나.'를 정확하게 알아차리는 것만으로도 우리는 위로를 받고, 자신감을 얻습니다.

□ 4×10센티미터짜리 하루

저는 매일 다이어리의 약 4×10센티미터 칸과 마주합니다. 다이어리를 펼치고 '뭘 써야 할까.'라는 생각을 시작으로 곱씹다 보면 쓰고 싶은 말이 하나둘 떠오릅니다. 마치 하루의 끝에 가장 편안한 친구를 만나 차 한 잔을 가운데 두고 이런저런 이야기를

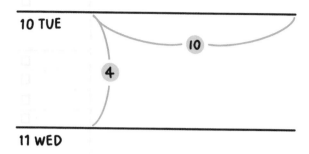

매일 마주하는 4×10센티미터의 빈칸

할 때처럼, 처음엔 매번 똑같은 일상 이야기가 오고 가는 듯하다
가도 이내 하루와 상관없었던 깊은 생각까지 나눈답니다.

어떤 날은 감정을 쓰기도, 어떤 날은 10년 후의 내가 그리는
날들을 써 내려가기도 합니다. 그런데 놀랍게도 10년간 이 일을
반복했음에도 눈앞에 빈 종이가 없으면 이런 생각을 하지 않게
되더군요.

정말 친하고 편한 친구라고 생각했는데, 카페에 앉아 잠시 이
야기 나눌 틈이 없다면 점점 관계가 멀어질 것입니다. 마찬가지
로 빈 종이를 마주하지 않으면 우리는 점점 자신과 멀어집니다.
이 작은 빈칸이 주는 여유는 좋아하는 친구와 차 한 잔을 하는
일과 같습니다.

퇴근길 지하철에 앉아 사람들을 관찰해보면 대부분 휴대폰으

로 음악을 듣거나 영상을 보고 있습니다. 요즘은 퇴근 후 자기계발을 하는 분들도 있고 운동이나 명상을 하는 분도 참 많지요. 이렇게 각자의 방법으로 멋지고 치열하게 살아가면서 스스로에게 빈 종이는 얼마나 허용하고 있는지, 자신과 대화할 시간은 주고 있는지 궁금합니다. 제가 말하는 이 빈 종이는 명상, 요가와도 닮아있고 미니멀리즘 라이프스타일과도 맞닿아있습니다.

나를 잘 아는 사람이 된다는 건 많은 사람이 꿈꾸는 일이지만 쉬운 일이 아닙니다. 나를 잘 안다는 건 어디서 시작되는 걸까요? 얼마큼 아는 것이 나를 잘 아는 걸까요? 나를 잘 안다는 것은 내가 좋아하는 색깔, 내가 좋아하는 음식, 내가 싫어하는 사람, 내가 싫어하는 업무, 내가 좋아하는 옷 스타일에서만 오는 것이 아닙니다. 나를 알아간다는 건, 내 감정에서부터 비롯됩니다.

10년간 매일 다이어리를 쓰고 있는 저는 20대 중반까지 또래보다 스스로를 잘 이해하고 있다고, 나 자신을 잘 알고 있다고 자만했습니다. 그렇지만 어느 순간 저는 죽는 날까지 스스로를 다 알 수 없겠다는 사실을 깨달았습니다. 재밌는 건 그 후로는 스스로를 알아가는 과정 그 자체를 즐기기 시작했다는 거예요. 만약 매일 다이어리를 쓰지 않았다면 바쁘다는 이유로 나에 대해 많은 것을 놓쳤을 게 분명합니다.

하루 5분 시간을 내서 써 내려가는 다이어리는 매일 5분간 자신과 대화를 하는 것입니다. 5분 동안 싫었던 일이든, 좋았던 일이든, 뭐든 하고 싶은 이야기를 해보세요. 그러다 보면 때로는 나를 대할 때 유념해야 할 점을 알게 되기도 하고 때로는 '나에게 이런 대단한 면도 있구나.' 하면서 어깨를 으쓱하게 되기도 합니다.

글을 쓰면서 저는 매일 저라는 사람과 친해지는 기분이 들어요. 여러분도 다이어리 기록을 꾸준히 한다면 자신이 몰랐던 생각을 마주하게 되고, 무엇을 원하는지, 이건 왜 좋고 왜 싫은지를 묻는 과정을 통해 스스로와 친해질 거예요. 바로 이것이 스케줄러와 다이어리의 차이입니다. 스케줄러는 내 시간을 관리해주지만, 생각까지 눈에 보이게 해주지 않으니까요.

□ 당신의 오늘은 1년 중 어디쯤에 서있나요?

그렇다면 다이어리를 통해 시간은 어떻게 확인할까요? 다이어리와 일기장의 차이가 바로 여기서 발생합니다. 7월 26일은 1년 중 얼마의 시간이 지나간 시점일까요? 무더운 여름이니 두 계절이 지나간 정도, 아니면 얼마 후면 가을이 오는 시점, 1년 중

시간의 흐름을 확인하는 방법

7번째 달의 끝, 어떤 7월 26일이 와닿나요? 다이어리의 7월 26일이 있는 페이지를 펼쳐 윗면을 눈으로 확인해보면 직관적으로 알 수 있습니다. 월간 페이지와 주간 페이지가 따로 분리된 다이어리가 아닌, 해당 월간과 주간 페이지가 같이 있는 다이어리라면 더욱 직관적이겠지요.

'아, 이만큼의 시간이 갔고, 이만큼의 시간이 올해 내게 남아있구나.' 별것 아닌 차이로 느껴질 수도 있지만 저는 매달 이렇게 시간을 확인하면서 놀라곤 해요. '벌써 다이어리를 이만큼 채웠단 말이야? 벌써 시간이 이만큼 지나갔단 말이야?' 하면서요. 이러한 감각은 생각보다 일상에 큰 영향을 미칩니다. 2월, 아직은 새해에 들어선 지 얼마 되지 않은 것 같은 시간이지만 12월부터 쓰는 제 다이어리에서는 벌써 3개월이 채워진, 1분기가 지나가는 시점에 해당합니다. 이는 마치 러닝을 하면서 내가 어느정도 왔고 목적지까지 얼마큼 남았는지, 어떤 길로 가고 있는지 방향을 확인하는 것과 같아요.

다시 말해, '보이지 않는 생각과 시간을 눈으로 확인한다.'는 것은 내가 대수롭지 않게 여기던 중요한 것을 알아차리는 과정을 의미합니다.

□ 보이지 않을 때 우리는 두렵다

바쁘게 흘러가는 일상에서 굳이 보이지 않는 생각과 시간을 알아차려야 하는 이유는 뭘까요? 보이지 않는 것들은 우리를 두렵고 불안하게 하기 때문입니다. 불확실한 미래를 앞에 두고 우리는 안정을 꾀하며 모든 일을 계획합니다. 많은 사람이 삶의 불확실성을 인정하자고 말하거나 불확실성이 삶을 아름답게 한다고도 하지만, 정작 불확실할 때 우리는 어떻게든 도망가고 싶어하죠.

제가 작년 다이어리에 '앞을 알 수 없어서 기대되고, 그 불확실함은 삶을 즐겁고 설레게 한다.'는 글을 쓴 적이 있는데, 그 글을 쓴 지 불과 일주일 후에 '내 삶에 안정은 대체 언제 찾아오는 걸까, 불확실한 게 너무 싫다.'라고 썼더라고요. 일주일 차이로 같은 상황 속에서 완전히 다른 글을 쓴 자신을 보며 참 우스웠습니다. 제게도 불확실한 모든 것은 두려움의 대상입니다. 그래서 알아차릴 수 있는 영역이 있다면 그것만이라도 최대한 알아차려서 불안과 두려움을 최소화하려고 노력합니다.

내가 이 행동을 왜 하는지, 정말로 뭘 원하는 것인지, 어떤 꿈을 꾸고 있는 건지, 이 행동이 나를 왜 행복하게 하는 것인지 투명하게 보이지 않을 때는 '그냥' 또는 '모르겠다'는 말로 스스로를 두렵게 합니다. 시간도 마찬가지예요. '이제 연말이네, 이제 봄이네.' 하며 남들과 같은 시간에 서있다는 것만 인지하고 나의 1년을 어떻게 걸어가고 싶은지 계획하지 않거나 내가 어디쯤 걸어가고 있다는 걸 인지하지 못하면, 연말이 되었을 때 '내가 잘하고 있는 걸까?' '아니 벌써 캐럴이 나온다고?' 하며 허탈해지는 것이죠. 문제는 이러한 막연함에서 오는 두려움과 불안은 크기가 작아서 해결의 필요성을 잘 느끼지 못한다는 데 있습니다. 그렇지만 이런 작은 두려움이 서로 손을 잡고 몸집을 키웠을 때는 이야기가 달라집니다. 우리의 움직임을 막고 무기력하게 만들 만큼 큰 존재가 되어버리죠.

그러니 하루 5분을 내어 우리의 보이지 않는 시간과 생각을 알아차리는 건 매일 양치를 해 이가 건강하도록 유지하는 것과 같아요. 양치를 꼼꼼하게 하지 않은 날들이 모여 치아에 문제를 만드는 것처럼 매일 외면한 시간과 생각은 어느 순간 걷잡을 수 없는 큰 눈덩이가 되어 내 생각과 마음 그리고 행동을 삼켜버릴 테니까요.

고대 그리스에서는 시간을 크로노스(Chronos, 시간의 양)와 카이로스(Kairos, 시간의 질) 2가지 개념으로 구분했다고 해요. 크로노스는 물리적 시간으로, 누구에게나 공평하게 주어지는 시간입니다. 반면에 카이로스는 의미를 경험하는 주관적 시간입니다. 35살의 동갑내기 A와 B의 삶을 예로 들어보겠습니다. A는 계획을 세워 할 일을 하고, 틈새 시간에는 하고 싶었던 일을 하나씩 해나가며 알차게 살아왔고, B는 하루 12시간씩 자거나 자신에게 노출 되는 콘텐츠를 과하게 소비하면서 시간을 보내고 남는 시간에 주어진 일을 겨우 해냈다면 크로노스의 관점에서는 두 사람이 동일한 35년을 살았다고 보지만, 카이로스 관점에서는 완전히 다른 시간을 보냈다고 보는 거죠.

카이로스는 그리스로마신화에 등장하는 제우스의 막내아들

기회의 신의 이름입니다. 기회의 신 카이로스는 앞쪽 머리카락은 길지만 뒤쪽 머리카락은 없어요. 발에는 날개가 달려 있고 왼손에는 저울, 오른손에는 칼을 들고 있습니다. 재빨리 잡지 않으면 놓치고 마는 기회를 형상화한 것이죠. 카이로스에는 특별한 의미를 지닌 몰입의 시간이 포함됩니다.

모두에게 주어진 똑같은 시간의 질을 어떻게 높일 수 있을까요? 누구보다 자기 자신에게 몰입해 나만의 특별한 의미를 만들어내야 합니다. 그동안 나에게 몰입하지 못해 놓쳐버린 기회가 없는지 다이어리를 앞에 두고 생각한 후 적어보세요. 반드시 카이로스의 시간으로 나아가는 길을 찾을 수 있을 거예요.

Chapter 03

원하는 방향으로
가고 있는가

다이어리를 쓴다는 것은 GPS를 가지고 있는 것과 같습니다. 우리가 살면서 겪는 사건과 경험들은 각각의 독립적인 점에 해당합니다. 이 독립적인 점들이 떨어져있으면 각각의 경험이 큰 의미를 갖기 어렵지만, 다이어리를 쓰는 사람들은 점(경험) 하나에 매몰되지 않고 자신이 겪는 일들을 유기적으로 연결할 수 있습니다. 이것이 다이어리를 쓰는 사람의 특권이라고 할 수 있어요.

반면 다이어리를 쓰지 않는 사람들은 좀처럼 인생의 기회가 될 점을 알아차리지 못합니다. 나아가 점끼리 연결하면 답을 찾을 수 있음에도 작은 점 하나에 매몰됩니다. 마치 대학 시절 아르바이트, 동아리 활동 등을 하면서 크고 작은 배움을 얻었음에도 막상 취업의 관문 앞에서 인상 깊었던 인생의 경험을 물으면 바로 그 경험을 떠올리지 못하는 것과 같아요. 하지만 다이어리를 쓰면서 내가 작은 점이라도 어떤 점을 찍는지 정확히 아는 사람들은 글을 쓰면서 점들을 연결해 더 자주, 더 쉽게 인생의 큰 그림을 그려나갈 수 있게 됩니다.

다이어리를 쓰는 사람들은 매일 기록을 하면서 별것 아닌 순간들을 작은 점으로라도 찍는 시간을 갖습니다. 그러면서 자신을 돌아보고 각각의 경험을 토대로 끊임없이 스스로의 가능성을 찾게 되지요.

쓰지 않고도 생의 중요한 순간마다 점을 찍고 충분히 그 점을 잘 연결하며 살고 있다고 자부하는 분도 있을 거예요. 이런 분들이 기록 생활을 시작한다면 지금보다 훨씬 더 많은 점을 찍게 될 것입니다.

점을 찍다 보면 어떤 날은 유난히 점이 많이 찍힌 부분이 보입니다. 그 점들을 연결해보면 한 가지 메시지를 전하고 있을 거예요. 그 메시지를 테스트해 볼 수 있는 행동을 찾아 경험해보면 자신만의 세계를 확장할 수 있게 됩니다. 별것 아닌 점들이 모여 중요한 점으로 연결되는 다리 역할을 하게 되는 것이죠.

저의 20대는 이렇게 점을 찍고 그림을 그리는 일의 연속이었습니다. 제가 다이어리 '사르르 아카이브'를 제작할 때 난생처음 디자인 툴을 배웠는데요, 그때 디자인을 배우며 느낀 감정과 생각을 다이어리에 쓰면서 디자인이 원래 회사에서 하던 일보다 재밌고 제게 재능도 있다는 걸 알게 됐어요. 디자이너로 전직을 할 수도 있겠다는 생각으로 포트폴리오를 준비하면서 몇 달간 공들여서 기획을 시작했는데, 그때 역시 기록을 통해 제가 디자인보다 기획을 더 좋아한다는 사실을 알았습니다. 기획과 사업의 과정에는 닮은 점이 많았습니다. 그래서 그동안 찍은 점을 바탕으로 아이템을 찾아 사업을 본격적으로 시작하게 됐습니다. 결과적으로 3개월간 펀딩 매출 3,000만 원을 올리고, 2시간 기준 강사료로 200만 원을 받고, 정부지원금 5,000만 원을 받았습니다.

스쳐 지나갈 수 있었던 생각들을 다이어리에 하나의 작은 점으로 찍고 그 점을 연결하기만 했을 뿐인데, 저는 더 기쁜 마음으로 일하고 더 좋은 보상까지 받게 되었습니다. 정신없이 일하기 바빴던 12월에는 뉴욕으로 떠나 새해를 맞고, 봄에는 마음속으로 욕심만 내던 유럽에서 한 달 동안 사업의 영감을 얻을 수 있었습니다.

점을 찍는 것은 기록하는 것이며, 점을 연결하는 것은 기록을 하면서 따라오는 일에 용기를 더하는 것입니다. 제 친구들은 저에게 종종 '넌 어떻게 네가 좋아하고 잘하는 걸 그렇게 딱 찾았어?' 하고 묻곤 합니다. 그럴 때마다 저는 하루 아침에 알아차린 것이 아니라 매일 기록하며 점을 찍었고 습관처럼 점을 연결해 왔다고, 그리고 그 점을 연결하다가 그림이 보일 때 용기를 내서 행동하고 있다고 말합니다.

하루 아침에 번개 치듯 영감이 찾아오기를 기대하거나 그렇게 보이는 이들을 부러워하기보다 전환의 순간을 위해 작은 점을 다이어리에 모아보세요.

□ 내 길의 GPS를 가져라

회사생활을 하다 보면 회사에서 필요한 점을 찍기 바빠, 나의 점은 잊어버리기 일쑤입니다. 하지만 매일 반복되는 일상 속에서도 점을 찍는 일은 얼마든지 가능합니다. 그저 펜을 들고 오늘의 하찮아 보이는 점을 찍는 것입니다. 그날 느꼈던 감정과 사소한 경험을 떠올리는 과정에서 나도 모르는 사이에 평범한 경험이 중요한 점이 되어 마음속에 자리 잡게 되는 것이지요.

앞서 다이어리를 GPS라고 했는데, 여행을 떠올려보면 그 의미를 금방 파악할 수 있습니다. 서울에서 부산 광안리로 여행을 간다면 싱싱한 회와 멋진 야경, 파란 바다를 떠올리며 가겠죠. 그런데 광안리를 떠올리면서 내비게이션에 목적지를 경상도라고만 찍으면 어떻게 될까요? 긴 시간 열심히 운전했는데 바다가 아닌 산이 나오고 내가 생각했던 맛집은 하나도 없는 상황이 펼쳐지기 시작하겠죠. 부산이 아닌 대구에 도착한 거예요. '아… 운전 열심히 해서 왔는데, 난 여행이랑 안 맞나? 여행 별거 없네!' 라고 생각할지도 모릅니다. 하지만 이 모든 문제는 목적지를 제대로 찍지 않았기 때문에 벌어진 것이죠.

또 하나, 내비게이션에 목적지를 바르게 찍었다고 하더라도 우리가 맞게 가고 있는지, 지금 이디에 있는지 확인할 방법은 필요합니다. 해외로 여행을 떠나 낯선 도시에서 구글 지도를 사용해본 경험이 있나요? 낯선 사람들과 분위기, 낯선 언어, 모든 것이 새로운 환경에서 애플리케이션 속의 동그란 모형이 내 위치와 목적지, 경로를 표시해주죠. 여행하는 내내 아주 큰 용기를 주는 요소, 믿을 구석이 되어줍니다.

첫 유럽 여행에서 밤늦은 시간, 친구와 이탈리아의 골목을 걸을 때였습니다. 숙소와 가까운 위치에 있었는데 지도 애플리케이션의 GPS가 먹통이 되는 바람에 함께 있던 친구와 두려움에 떨었던 적이 있어요. 늦은 시간이라 길을 물을 상점도, 사람도 없었습니다. '이 길이 맞나?' '우리 이상한 길로 가고 있는 거 아냐?' '뒤에 이상한 사람들이 따라오는 것 같아, 무서워.'

저는 다이어리를 쓰지 않고 그저 지금 하는 일에만 몰두할 때나 뭔가를 하는 이유를 명확히 찾지 못하고 일을 진행할 때, 그날 이탈리아 골목에서 느꼈던 공포심과 비슷한 감정을 느낍니다.

반면 다이어리를 쓰면서는 내가 어디에 서 있는지 언제나 인지하고 있다는 안정감, 그리고 어디로 가고자 하는지 목적지를 명확하게 알고 있다는 자신감을 느낍니다.

많은 사람이 인생을 여행에 비유하곤 하는데, 저는 다이어리를 쓰면서 그 말에 마음 깊이 공감합니다. 우리는 어떤 조건에서든 지금보다 안정감을 가지고 용기를 낼 수 있는데, 어쩌면 그 기회를 놓치고 있는지도 모르겠습니다. 소중한 시간 속 우리의 수많은 발걸음이 잊혀간다면, 너무 아깝지 않을까요?

목적지가 명확하다면 속도는 그다지 중요하지 않습니다. 얼마 전 사업 아이템을 구체화하기 위해 오른 독일 출장길에서 속도보다 방향이 중요하다는 명제를 다시 한번 확인했습니다. 제가 탄 기차가 정차하기 위해 속도를 낮추고 있을 때, 맞은편에서는 이번 역에서 정차하지 않는 기차가 전속력으로 달려오고 있었습니다. 그 광경을 보는 순간, 다른 사람과 자신을 비교하거나 내 속도가 느리다고 의식하며 불안해하던 제 모습이 떠올랐어요. 그리고 생각했죠. '똑같이 생긴 두 기차의 목적지가 다르듯, 나와 내 주변의 모든 사람도 완전히 다른 노선의 기차'라고요. 어떤 기차는 소도시로, 또 어떤 기차는 밤새 달려 다른 나라로 향하기도 합니다. 그런데 우리는 같은 철로 위에 있다는 이유로 각자 다른 노선임을 잊고 내가 뒤처질까 불안해합니다.

학업, 취업, 결혼, 출산의 시기, 집 혹은 차의 크기…. 요즘은 인생을 즐기거나 여행을 가야 하는 때조차 사회가 규정하는 분위기입니다. 그러나 모든 때는 네가 결정해야 합니다. 나라는 열차의 목적지를 명확하게 기억하는 것도, 언제 정차하고 언제 다시 달릴지 결정하는 것도, 우리 삶에서 놓쳐서는 안 될 중요한 가치입니다.

간혹 생각이 많아서 행동으로 옮기는 데 시간이 많이 걸리거나 아예 행동으로 연결되지 않아 고민이라는 사람들을 만납니다.

생각은 많은데 행동을 하지 못하는 사람과 생각조차 하지 않는 사람. 둘 중 누가 더 나은 걸까요? 얼핏 보면 생각이라도 하는 것이 유익하다고 느끼겠지만, 그렇지 않습니다. 결과만 놓고 봤을 때 일어난 변화가 없다는 점은 똑같은데 전자는 생각을 하면서 머리 아픈 시간을 보내고 심지어 행동으로 옮기지 못한 스스로를 탓하기도 하니까요. 에너지는 에너지대로 쓰면서 생각도 하지 않은 사람과 결과가 같다면, 결과적으로 전자가 손해를 보는 것이죠.

생각 많기로 둘째가라면 서러운 저는 이 사실을 깨닫고는 괜히 손해 보기 싫은 마음에 생각을 행동으로 옮기는 일을 시작했습니다. 저에게 행동력이 대단하다고 말하는 사람들은 제 넘치는 에너지가 기꺼이 행동하게끔 만든다고 오해하기도 하는데 실상은 생각하는 데 쓴 에너지가 아까워서, 생각하지 않은 사람과 같을 순 없다는 오기로 행동으로 옮기는 일이 더 많습니다.

오늘, 여러분의 에너지 효율은 몇 등급인가요?

Chapter 04

방황하지 않고
빠르게 해결책을 찾는 방법

저는 나이에 비해 꽤 많은 일을 성취해왔고, 그랬기 때문에 다양한 기관과 플랫폼에서 강의를 할 기회를 얻었어요. 대학 편입에 성공하고, 200:1의 경쟁을 뚫고 대외활동에 합격해 무상으로 영국 여행을 다녀오고, 3개월 만에 펀딩으로 3,000만 원의 매출을 만들고, 다이어트로 40킬로그램을 감량하고 모델 계약을 하는 등 제가 해낸 모든 성취의 비법은 바로 다이어리에 있습니다. 좋은 선택을 하기 위한 과정을 눈에 보이게 하는 것이죠.

여러분은 A와 B 중 어떤 것을 선택해야 할까 고민이 될 때, 또는 여러 가지 고민이 겹쳐서 머릿속이 혼란스러울 때 어떻게 하나요? 제가 이 2가지 상황에서 다이어리를 활용하는 방법을 알려드리겠습니다.

□ A, B 두 선택지 중 하나를 결정해야 할 때

우리는 A와 B 중 한 가지를 선택해야 할 때, 생각이 많아 머릿속이 혼란스러울 때 고민이라는 것을 하지요. 어떻게 하면 좋은 결정을 할 수 있을까요? 일반적으로는 인터넷에 고민을 올려보기도 하고, 누군가에게 고민 상담을 해보기도 하면서 시간을 보냅니다. 물론 이 역시 필요한 과정이죠. 그렇지만 생각보다 오랫동안 이 과정에서 멈춰 시간과 에너지 소모하기 쉽습니다.

저도 고민과 불안의 시간에 놓일 때가 참 많이 있습니다. 그럴 때 제가 가장 먼저 하는 일은 다이어리 뒤쪽에 있는 메모장을 펼치는 것입니다. 그리고 오른쪽에 보이는 것처럼 A와 B의 장점과 단점을 표로 그려본 다음 어떤 선택을 해야 할지 스스로 대화를 해요.

일단 각 항목의 무게를 숫자로 매겨봅니다. 장점은 1~5, 단점은 -1~-5로 적어보고 총합으로 결정을 하지요. 번거로워 보일 수 있지만 생각보다 많은 시간이 소요되지는 않습니다. 표에 의

	A. 대학원 진학	B. 창업
장점	* 일에 대한 전문성을 높일 수 있음(4) * 유학 생활 경험할 수 있음(3)	* 젊을 때 하고 싶은 일에 에너지 쏟을 수 있음 (5) * 내가 잘하는 일이므로 성과 효율 높음 (5)
단점	* 외국어 학습을 위한 돈과 시간이 들어감 (-4) * 꼭 지금 하지 않아도 됨 (-5) * 유학생활 동안 수입 없음 (-3)	* 훗날 전문성에 대한 갈증 계속 있을 가능성 높음 (-4) * 미래가 불확실함 (-3)

후회없는 선택을 위해 점수를 매기는 방법

하면 A는 -5, B는 +3이니 B를 선택하게 되겠지요.

표 아래쪽에는 점수를 매기기 위해 찾아본 자료를 근거로 글을 작성합니다. 근거를 토대로 명확한 결정을 내리고 나면, 결정을 실현시킬 수 있는 행동에 바로 집중하기 시작합니다. 그러고 나서 현실화 가능성이 얼마나 높은지를 확인합니다. 이로써 둘 중 하나를 선택해야 할 이유는 명확해지고 다른 하나를 선택하지 않은 것을 후회하지 않을 수 있는 근거도 생긴 것이죠.

이런 과정을 거쳐 무언가 선택했을 때 얻는 장점이 2가지 있습니다. 우선 후회하지 않을 선택을 할 가능성이 높아지고, 두 번째로 혹 만족스럽지 않은 선택이었다고 생각되더라도 무엇이 문제였는지 원인을 파악해 다음 선택 때 개선할 수 있다는 것입니다.

내 선택의 근거가 명확해지면 집중력을 갖고 일을 추진하거나 몰입해서 공부할 수 있습니다. 시간을 절약할 수 있는 것은 물론이고요. 이처럼 생각을 눈에 보이게 표현해보는 것은 머릿속에서 수없이 반복하는 것과 비교할 수 없는 결과를 가져다줍니다.

□ 여러 가지 고민이 한번에 몰려올 때

그럼 여러 가지 고민이 한꺼번에 몰려올 때는 어떻게 하면 좋을까요? 저는 모든 고민에 번호를 매겨 나열합니다. 1번부터 시작해 끝까지 번호를 매기고 나면 '그래, 이쯤이면 내 머릿속에서 고민을 다 꺼냈다. 더 이상 쓸 게 없네.' 하는 생각이 들어요. 쓰기 전까지는 20가지쯤 되는 줄 알았는데 막상 꺼내어서 10가지도 채 되지 않는다는 것을 눈으로 확인하면, 그것만으로도 마음이 홀가분해집니다.

다음 단계는 1번부터 한 가지 고민에만 집중하기입니다. '어떻게 하면 이 문제를 해결할 수 있을지, 해결을 위해 지금 내가 할 수 있는 행동이 무엇인지, 해결 방법이 없어 힘든 내 마음을 어떻게 돌볼 수 있을지에 집중해 글을 써 내려갑니다. 글을 쓰면서 필요한 정보가 있다면 검색해보기도 합니다. 자신의 카운슬러가 되는 과정이지요. 1번 고민을 깊이 들여다보고 정리가 되었다는 생각이 들면 다음 고민으로 넘어가 같은 과정을 반복합니다. 그렇게 모든 고민에 답을 작성하면 비로소 우선순위가 명확해지고, 어디서부터 무엇을 시작해야 할지가 보입니다.

대부분의 사람이 '이 과정을 누군가 정해줬으면' 하는 생각으로 비용을 지불하고 전문가를 찾습니다. 물론 질문이 명확해졌을 때 전문가의 도움을 구하는 것은 좋은 태도이며 효과적인 방법입니다. 그러나 스스로에게 해야 할 질문의 우선순위와 심지어 무엇을 해결하고 싶은지 모르는 상태에서는 자칫 모든 과정이 낭비될 수 있습니다. 예를 들어볼게요.

| 예 |

1. 지금 하고 있는 직무가 나랑 맞는 걸까?

2. 체력이 너무 떨어져 퇴근하면 자기 바빠 불만족스러워.

3. 집 계약 만료가 얼마 남지 않아 슬슬 이사 준비를 해야 하는데….

1. 현재 직무에서 만족스러운 부분과 불만족스러운 부분을 쓰고, 내가 원하는 직무는 어떤 것인지, 왜 그런 생각을 했는지 적어본다. 그

런 다음 직무 이동을 하기 전에 미리 체험해볼 수 있는 가장 현실적인 방법을 쓰고, 행동에 옮기기 위한 결단을 하며 마무리한다.

이렇게 머릿속에 가득찬 고민을 눈에 보이도록 쏟아냈을 때 좋은 점은 고민이 만만해진다는 것입니다. 지금 내 어깨에 있는 짐이 100킬로그램쯤 되는 줄 알았는데 쓰고 보니 30킬로그램 정도라는 걸 알게 되고, 어떻게 이 짐을 들고 가야 할지도 명확해집니다. 그러니 '부딪혀볼 만하겠는데?' 하는 자신감이 생기겠지요?

해볼 만하겠다는 생각 하나로 그 일을 해내는 결과를 가져온다는 심리학 이론이 있습니다. 기대가치이론에 따르면 '행동의 동기=기대×성공의 가치'입니다.

'기대'는 과거의 성공 경험을 통해 유추하거나 앞서 언급한 바와 같이 해볼 만한 일로 느끼는 과정을 통해 성공 가능성을 높게 인식하는 것을 말합니다. '성공의 가치'는 내가 노력할 만한 가치가 있는 일인지를 판단하는 것이죠. 이 중 하나라도 0이 된다면 동기를 갖기 어려워요.

그런 의미에서 다이어리에 글을 쓰는 것은 기대가치이론을 삶에 직접 적용하는 방법입니다. 글을 쓰며 목표와 계획을 만만한 수준으로 만들거나 기록을 통해 깊게 각인된 과거의 사소한 성공으로 기대감을 높입니다. 그리고 스스로에게 목표가 갖는 의미를 고민하고 규정하는 글을 쓰면서 성공의 가치를 높여 행동의 동기를 더 크게 유발합니다.

스스로에게 얼마나 기대하고 있나요? 해낼 수 있다는 자신감이 없는 건 능력의 유무가 아니라 어떻게 해낼지, 왜 해내고 싶은지를 깊게 들여다보지 않았기 때문일 가능성이 높습니다.

Chapter 05

글쓰기와
스피치 실력은 덤

입사한 지 얼마 지나지 않았을 때, 제게 다이어리 쓰는 습관이 있는 걸 알고 있는 상사가 "경원 씨는 다이어리를 써서 그런가, 말을 논리적으로 참 알아듣기 좋게 해."라는 칭찬을 했습니다. 그때까지는 단 한 번도 다이어리가 제가 말하고 쓰는 방식에 영향을 주었을 거라고 생각해본 적이 없어요. 원래부터 말을 잘했던 게 아닌가 생각할 수도 있지만, 대학교 때까지도 발표를 앞두면 크게 긴장해서 발표를 피하고 싶었던 학생이었습니다.

그런 제가 이제는 글쓰기 실력도 늘었고 독서도 즐기게 됐습니다. 매년 100여 권의 책을 읽을 만큼 책을 늘 가까이합니다. 불과 5년 전만 하더라도 한 해에 책 한두 권 읽을까 말까 할 만큼 독서를 즐기지 않았는데 말이죠. 그런데 하루에 한두 문장씩 다이어리를 쓰다 보니 점점 글쓰는 일이 재밌어졌습니다. 그때부터 '작가들은 어떤 글을 쓸까' 궁금해지기 시작했어요. 그래서 쉽게 쓰인 교양서적부터 고전문학까지 찾아 읽게 됐습니다. 그러다 보니 '나도 20년쯤 후엔 지금 내가 다이어리를 통해 얻은 위로와 도전을 담은 책을 내는 날이 올 수도 있지 않을까?' 생각하며 막연히 작가의 꿈을 꾸게 됐죠.

개인이 가진 모든 것이 콘텐츠가 되고 이를 전달할 때 말과 글이 필수인 시대에 살고 있습니다. 글쓰기와 말하기 실력은 누구에게나 강력한 도구가 될 거예요. 마음 챙김을 하며 나를 위해 쓰는 다이어리로 실력까지 갖추게 된다면 그것만큼 좋은 게 없지 않을까요?

Chapter 06

자신의 역사책을
갖게 되는 경험

저는 매년 12월 말이 되면 '다이어리 정독의 날'을 갖습니다. 한 해를 꼬박 채운 다이어리를 다시 읽는 날로, 가장 좋아하는 카페에 앉아 느긋하게 향긋한 커피를 마시며 다이어리의 시작부터 끝까지 차분하게 읽어나갑니다. 평소에 아메리카노를 즐겨 마시지만 그날만큼은 잘 마시지 않던 달콤한 바닐라라테를 시켜보기도 해요. 따끈하고 달콤한 스콘을 곁들이기도 하고요.

매년 100여 권의 책을 읽고 있는 제게 누군가 가장 좋아하는 책이 뭐냐고 물으면, 망설임 없이 제 다이어리가 제일 재미있다고 이야기할 만큼 저는 이 시간을 참 좋아합니다. 다이어리를 쓰면서 머지않아 맞이할 '다이어리 정독의 날'을 기대하고 있는 것 같기도 해요. 다이어리에 어떤 글을 쓰기에 그렇게까지 흥미로운 걸까요?

매일 자극적이고 새로운 일들이 가득해서 재밌는 걸까요? 아니면 늘 강한 마음으로 어려움을 잘 딛고 이겨내다 보니 스스로 자랑스러워서 재밌는 걸까요?

물론 둘 다 아니랍니다. 제 다이어리에는 무너지는 모습, 어디에 말하지는 않지만 걱정하고 불안해하는 모습이 가득합니다. 어떤 날은 사소한 일에서 행복을 만끽하기도 하지만, 어떤 날은 창피해하고 또 어떤 날은 좌절합니다. 매일의 가면을 모두 벗은 과거의 제 모습이 현재의 저를 즐겁게 하는 거죠. 매일 써 내려간 4×10센티미터의 작은 빈칸이 모여서 한 권의 책이 되는 경험은 정말 특별합니다.

지난해 제 다이어리에 가장 많이 등장하는 말은 '진짜 하기 싫었는데…'였어요. 뭐가 그렇게 매번 하기 싫었을까 싶다가도 꾹 참고 운동을 간다거나 업무를 잘 끝낸 내 모습, 그 뒤에 안도감과 만족감을 느끼는 모습을 시간순으로 읽다 보면 자존감이 절로 단단해지는 기분이 듭니다. 더불어 왜 그렇게 하기 싫었는지에 대한 핑계나 그때의 기분을 살피는 일도 꽤 흥미롭습니다.

짧다면 짧고 길다면 긴 1년이라는 시간 속에서 많은 일이 휘

발되고 만다는 사실을 알아차리기도 합니다. 이렇게 잊고 있던 지난 시간을 살필 때면 한 살 어린 동생의 치열한 일상을 보는 것 같기도 해요. 실수를 해도 그 모습이 밉기보다는 대견하고, 뭔가를 이뤄내고 좋아하는 모습을 보면서 귀엽다는 생각을 하기도 합니다.

이는 다이어리를 수년간 써야 안다거나 글을 잘 써야만 겪을 수 있는 과정이 아닙니다. 1년, 아니 몇 개월만 써봐도 충분히 경험할 수 있는 일들입니다.

저는 12월이면 수강생분들과 한옥에 모여 그동안 각자 쓴 다이어리를 다시 보기도 하고, 유언장을 쓰기도 합니다. 그때 많은 분이 "진짜 제 책이 생긴 것 같아요." "제가 다이어리를 끝까지 다 쓰는 날도 오네요."라고 스스로에게 감탄하며 말하는 걸 보며 '아, 이게 나만 느끼는 감정이 아니었구나.' 생각합니다.

역사라는 말은 세계사, 근현대사처럼 대단한 일에만 써야 할 것 같아서 스스로에게 역사라는 단어를 붙이는 게 왠지 손발이 오그라들 만큼 거창하게 느껴졌는데, 이렇게 매년 한 권씩 책을 펼쳐보니 무엇보다 소중하고도 중요한 것이 나의 개인사라는 생각이 들었어요. 하지만 나의 역사는 누가 대신 기록해주지 않잖아요. 지금부터 가장 소중한 역사책의 저자가 되어보면 어떨까요?

저는 처음 다이어리를 기록할 때 2×2센티미터 정도의 작은 박스 안에 1~2문장을 쓰는 걸로 시작했습니다. 짧은 문장들로도 한 해가 지났을 때 책이 완성되는 기분이 들었고, 그 칸이 점점 넓어질 때쯤 제가 글 쓰는 걸 좋아하게 되었다는 사실을 깨달았습니다. 그러면서 '대략 한 20년쯤 후인 중년에는 더 많은 사람의 마음에 위로를 선물하는 글을 써볼 수 있지 않을까? 먼 미래에 나도 작가가 될 수 있지 않을까?' 하는 다소 막연한 꿈을 꾸게 되었어요.

그렇게 매년 나만의 책을 한 권씩 펴내며 글감을 모았고, 그 과정이 모여 지금 이렇게 서점에서 만나볼 수 있는 책을 쓰게 되었습니다. 그러니 여러분도 차분히 글감을 모아보세요. 정말 재밌는 책이 되어 펼쳐질 테니까요.

Chapter 07

나의 가장 친한 친구가
생기다

"나는 잘하는 게 하나도 없는 것 같아. 입사 동기는 이번에 연봉 협상 잘해서 이직했고, 친구는 보디 프로필을 찍는다는데, 나는 매일 퇴근해서 자기에 급급해. 게다가 회사에서 실수는 왜 이렇게 잦은지. 동료가 그걸 사람들 앞에서 콕 집어 말하더라. 어찌나 화가 나던지. 실수를 한 내 탓이지 뭐, 난 왜 이 모양일까?"

여러분의 친구가 이런 메시지를 보내온다면 뭐라고 답을 해 주고 싶은가요? 이런 답은 어떨까요?

"그러게, 정말 한심하다. 몇 년 차인데 아직도 실수를 해? 그 사람도 그럴 만하니까 뭐라고 한 거 아니겠어? 다른 사람 부러워할 시간에 너도 뭐라도 하고 말해. 왜 그렇게 인생을 낭비해?"

강의를 할 때 이렇게 말하면 대부분 '어떻게 친구에게 그런 말을 하냐. 소시오패스 아니냐.' 하고 반응하더군요.

그런데 놀랍게도 우리는 자신에게 위와 같은 말을 아무렇지 않게 하곤 합니다. '난 왜 이럴까? 한심하다.' '내가 과연 할 수 있을까?' '이번에도 실패하는 거 아니야?' 같은 말들 말이죠. 이런 말 자체가 잘못됐다는 건 아니에요. 자연스레 할 수 있는 생각이니까요. 그렇지만 이런 생각들에 빠지면 헤어 나오기가 쉽지 않아요.

우리는 의외로 쉽게 의식적으로 이런 생각을 바꿀 수 있습니다. 그에 따라 당연히 결과도 바뀝니다. 부정적인 상황 속에서 자꾸 스스로에게 모진 말을 하게 될 때 다이어리를 통해 상황을 역전시키는 방법이 있습니다.

하나, 부정적인 생각을 글로 모두 쏟아낸다.

하루의 끝에 가족 혹은 친구에게 속상한 이야기를 털어놓듯 다이어리에 부정적인 감정을 모두 쓰세요. 꽤 긴 글이 나올 것 같지만 생각보다 짧게 끝나고 만다는 걸 알게 될 거예요. '더 이상 쓸 말이 없네.'라는 생각이 들 때 다음 단계로 넘어갑니다.

둘, 내가 쓴 글을 친한 친구가 내게 보낸 메시지라고 생각하고 읽는다.

방금 쓴 글을 다시 읽는 것뿐인데 마음이 조금 후련해지는 걸 느낄 수 있습니다.

셋, 메시지에 대한 답장을 쓴다.

'친구의 메시지에 나는 어떤 말을 해줄까.' 생각하며 답장을 써보세요. 예를 들어볼까요?

"정말 힘든 하루였겠다. 그런데 내가 볼 때 너는 충분히 열심히 살아가고 있어. 넌 하는 게 없다고 하지만 난 네가 취미로 테니스를 꾸준히 하는 것이 늘 멋지다고 생각했어. 게다가 회사에서 언제나 최선을 다하고 있잖아. 실수는 우리 부장님도 하더라. 나도 어이없는 실수를 했을 때 스스로에게 짜증도 나고 동료들에게 미안하기도 하고 부끄러워. 그런데 어쩌겠어. 사람이라 그런 걸. 대신 다음에 같은 실수를 하지 않으려면 어떻게 해야 할지 생각해보면 좋을 것 같아. 그리고 사람들 앞에서 그렇게 말한 동료는… 어후, 정말 기분 나빴겠다. 하지만 그 사람은 결국 똑같은 일로 돌려받게 될 거야. 그렇게 말하는 사람을 누가 좋게 생각하겠어. 오늘 여러모로 소모적인 하루였을 텐데 자기 전에 따끈한 꿀차라도 마시면 어때? 기분이 좀 나아질 거야!"

누구나 이런 답장을 보내지는 않겠지만 중요한 것은 친구의 이야기를 들을 때와 같은 과정을 거쳐야 한다는 점입니다. 메시지를 다시 읽는 과정은 친구의 이야기를 듣는 '경청'의 단계에 해당하고, 나의 마음을 알아주는 것은 친구의 마음에 '공감'하는 단계에 해당합니다. 마지막으로 앞선 두 단계가 선행되고서 앞으로는 어떻게 하는 게 좋을지 해결책을 제시해볼 수 있습니다.

많은 사람이 자기 자신과의 소통에서는 첫 번째, 두 번째 단계인 경청과 공감을 간과합니다. 입장을 바꿔 내가 친구에게 고민을 이야기했을 때 내 말을 제대로 듣지도, 공감하지도 않고 피드백만 건성으로 준다고 생각해보세요. 더 이상 대화하고 싶지도, 만나고 싶지도 않을 거예요. 그래서 앞의 두 단계가 중요합니다. 그렇지 않으면 자신과 가까워질 수 없습니다.

□ 긍정하고 있나요, 낙관하고 있나요?

긍정적 태도와 낙관적 태도 중 어떤 태도가 우리 삶에 도움이 될까요?
우리는 '긍정'이라는 단어를 일상적으로 말하고 듣습니다. '긍정적으로 생각해!' '그 사람은 참 긍정적이야.' '긍정적인 사람이 되고 싶다.' 이런 말들을 보면 긍정의 뜻이 '좋게 생각하고 받아들이는 것'이라고 생각하기 쉬워요. 하지만 긍정의 진짜 의미는 '있는 그대로 받아들이고 인정하는 것'입니다.

긍정의 사전적 의미를 살펴보겠습니다.

> 긍정(肯定) : 그러하다고 생각해 옳다고 인정함

만약 우리가 전쟁 포로로 끌려가 수용소에서 언제 나갈 수 있을지 모르는 상황에 처해 있다면 하루하루 어떤 생각으로 살아갈까요? 비관주의자라면 '난 이제 끝이야. 언제 나갈 수 있을지 기약이 없으니 정말 절망적이군.' 하고 생각할 것이고, 낙관주의자라면 '크리스마스만 지나면 분명 나갈 수 있을 거야. 그때까지 버티자.'라고 생각할 거예요.

이것만 보면 낙관주의자들이 살아 돌아왔을 확률이 높다고 생각하기 쉬워요. 그런데 베트남 포로수용소에서 8년간 모진 고문을 당하면서도 살아남아 많은 미군 포로를 고향으로 돌아갈 수 있도록 도운 전쟁 영웅 스톡데일 장군에게 당시 상황을 견디지 못한 사람들이 누구냐고 물었을 때, 그는 낙관주의자들이라고 답했습니다. 낙관주의자들은 크리스마스가 지나도 아무런 일이 일어나지 않자 '부활절엔 나갈 수 있을 거야.' 하고 기대했지만 그 시간이 더 길어지자 상심해서 버티지 못했지요. 그럼 어떤 사람들이 가장 많이 살아남았을까요? 바로 '긍정적인 현실주의자'였습니다. 이러한 현상을 스톡데일 장군의 이름을 따 '스톡데일 패러독스'라고 합니다. 긍정적인 현실주의자들은 불확실한 상황에 근거 없이 낙관하는 것이 아니라 석방 이후 건강한 삶을 위해 운동을 하고 함께 수감된 포로들과 소통할 수 있는 암호를 만들어 대화를 이어갔습니다. 갇혀있다는 현실은 받아들이되 그 안에서 할 수 있는 구체적인 일을 찾은 것이죠. 이것이 긍정적인 사람들의 특징입니다.

우리가 전쟁 포로는 아니지만, 모두 어려운 현실 속에서 고군분투하고 있지 않습니까? 매일 어떤 태도로 우리에게 일어나는 일들을 받아들일지 결정하는 일이 결국 우리의 인생을 만드는 것이기에 매우 중요합니다.

속상하고 힘들 때 절망한 그 자리에 머물러 그저 낙관하고 있지는 않나요?

Chapter 08

나에 대한
데이터를 쌓다

'사람은 쉽게 변하지 않는다.' '역사는 반복된다.'

위 두 문장 모두 들어본 적 있죠? 공감하시나요? 그렇다면 익숙한 두 문장을 합치면 어떤 문장이 될까요?

'나의 과거가 나의 미래에 반복된다.'라는 말이 됩니다.

취업 준비를 한참 하던 때의 일화입니다. 취업준비생이던 제게는 정말 입사하고 싶은 기업이 있었는데, 공채에서 몇 번의 고배를 마시면서 '왜 나는 매번 돌아가야 할까.'라는 생각과 함께 원망이 되던 날들이 있었습니다. 태생부터 날씬하게 태어나 다이어트를 할 필요가 없는 친구들도 있는데 나는 대학생활 내내 다이어트를 했고, 현역으로 입시에 성공하는 친구들과 달리 나는 재수생활과 편입 두 번의 관문을 겪고 입시의 문을 넘었다는 것이 그날따라 원망스러웠습니다. 그날 저는 그동안 써온 모든 다이어리의 내용을 다시 읽었습니다. 그러고 나니 제 삶에 패턴이 있고 늘 비슷한 일들이 반복된다는 게 보이더군요. 그리고 이런 생각을 했습니다.

'아, 나는 좀 돌아서 오긴 하지만 그 결과로 늘 다른 사람들보다 오래 만족할 만한 좋은 결과를 얻는구나. 그럼 이번에도 시간이 걸리더라도 결국엔 정말 내가 사랑하는 일을 하며 좋은 성과를 내겠네. 그럼 지금 할 수 있는 일을 시작하자. A 상황에 나는 이러이러한 방법으로 A'의 성과를 냈고 B 상황에도 동일한 방법으로 B'의 성과를 냈으니, C 상황에도 같은 방법으로 노력한다면 C'의 성과를 낼 수 있겠구나.'라고 예측하기 시작한 것이죠.

그다음 날부터 저는 두려움과 원망감은 잠시 잊고 제가 지금 준비하고 노력해야 하는 일에 몰두할 수 있게 됐습니다. 그리고 지금 저는 당시 꿈꿨던 것보다 훨씬 더 사랑하는 일을 하며 경제활동을 하고 있습니다. 미래가 너무나 기대되고, 무엇보다 제 삶을 들여다보고 기대하는 것이 재밌는 일이라는 생각이 듭니다.

기록된 데이터가 많을수록 예측의 정확도는 높아집니다. 여러분은 자신을 예측할 수 있는 데이터를 얼마나 다양하게 가지

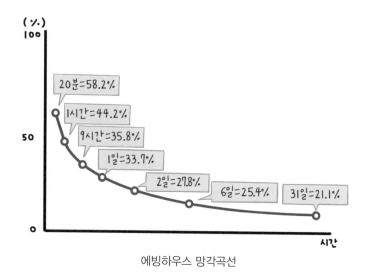

에빙하우스 망각곡선

고 있나요? AI가 수많은 자료를 분석하고 이를 기반으로 답을 내려주듯 이제부터 스스로를 분석할 데이터를 차곡차곡 모아보면 어떨까요.

'모든 인간은 망각의 동물이다.'라는 말은 부인하기 어려운 사실입니다.

한 달 전 일, 얼마나 기억하고 있나요?

매년 연말이면 수강생들 다시 만나 한 해를 표로 정리하는 시간을 갖습니다. 어느 해에는 9월경에 수업을 들은 Y가 표를 채워 넣고서 다이어리를 쓰기 전후가 기억력에 큰 차이가 있다고 이야기했던 적이 있습니다. 다이어리를 쓰기 전인 8월까지의 표는 채울 수 있는 단어들이 한정적인 데 반해 9월 이후의 표는 가득차 있었기 때문입니다.

'에빙하우스 망각곡선'은 독일의 심리학자 에빙하우스가 기억의 보유 정도를 연구해 만든 곡선입니다. 그래프에 따르면 우리 뇌는 학습 후 불과 20분 만에 41.8%가 망각되어 58.2%만 기억합니다. 가만히 생각해보세요. 불과 하루 전, 어제 점심 메뉴가 뭐였는지도 기억하지 못할 때가 많지요? 모든 과거를 기억할 필요는 없지만 다이어리는 내 삶에 긍정적인 영향을 미칠 유의미한 기억을 자주 되살려냅니다.

□ 인생을 두 번 사는 기분

"인생 2회 차 아니에요?" "어떻게 그 나이에 그런 걸 알게 됐어요?"
사회생활을 하며 만난 어른들이 제게 가장 많이 해주신 말씀입니다. 정말 감사한 말씀이지만 스스로가 어린아이 같고 무너질 때도 많다는 걸 알아서인지 그 말을 들을 때마다 갸우뚱했습니다. 하루는 '내가 그 어른 앞에서 거만했을까? 나는 그런 사람이 아닌데 왜 그런 이야기를 들을까?' 고민하기 시작했습니다.

저는 고민의 답으로 영화 〈어바웃 타임〉을 떠올렸습니다. 시간을 되돌릴 수 있는 능력을 가진 남자 주인공 팀이 여러 번의 시간 여행 끝에 '현재가 가장 중요한 순간'임을 깨달으면서 더 이상 시간 여행을 하지 않고도 행복하게 살게 되는 이야기예요.

다이어리를 쓸 때마다 저는 그날 인상적이었다고 느낀 순간, 그 장소로 돌아가 다시 사는 기분을 느낍니다. 그리고 그 글을 다시 읽을 때 또 한 번 과거로 돌아가는 기분을 느낍니다. 한 번의 순간을 두 번 세 번 깊이 들여다본 결과, 저도 모르는 사이 생각의 깊이가 깊어진 것이죠.

제가 자주 하는 착각이 하나 있습니다. 잘하고도 못했다고 생각하는 거예요. 이 착각을 불식시키는 데도 다이어리가 아주 큰 역할을 합니다.

일이 아주 바빴던 어느 6월, 매 순간 최선을 다하고 to do list 를 쓰고 지우면서도 가슴 한켠에 불안을 안고 있었습니다. 뭔가 놓치고 있는 것만 같고 더 잘해야 한다는 부담이었죠. 한 달을 마무리하며 다이어리에 월말 결산 페이지를 작성하면서(173쪽 참조) 한 달 전 제가 쓴 글을 읽어봤어요. 어떤 일들을 해야 한다고 썼는지도 꼼꼼히 읽었죠. 놀랍게도 저는 제가 계획한 모든 일을 아주 잘 끝낸 후였어요. 그 순간 마음을 누르던 짐이 시원하게 내려가는 걸 느꼈습니다. 그리고 이렇게 적었습니다. '계획한 만큼 잘해냈으면서 그것도 모르고 120%, 150%를 못하고 있어 부족하다고 착각했구나.'

우리는 자신이 저지른 실수와 잘못은 기가 막히게 빨리 알아차리면서 우리가 얼만큼 잘하고 있는지, 얼마나 대단한 사람인지는 자주 망각합니다. 계속 그 감각이 무뎌진다면 우리는 밑 빠진 자존감의 독에 노력이라는 물을 붓는 상태가 됩니다. 다이어리를 쓰며 제 자존감의 독에 크고 작은 구멍이 자주 생긴다는 사실을 알게 되었어요. 물론 그 구멍을 제때 튼튼히 보수하는 것역시 다이어리의 역할입니다.

불안을 성장으로 전환하라!

□ 다이어리를 끝까지 쓰지 못하는 이유는 당장 눈앞에 보이는 이익이 없기 때문이다. 그러나 영양제를 꾸준히 먹으면 몸에 좋은 영향을 미치듯 다이어리도 꾸준히 쓰면 분명히 좋은 결과를 가져다준다는 사실을 명심하자.

□ 매일 10년간 생각과 감정을 빈칸에 적어왔음에도 눈앞에 빈칸이 없으면 생각하지 않게 된다. 매일 내 생각과 감정을 적을 수 있는 빈칸을 마주하자.

□ 선택이 모여 인생을 이룬다. A와 B 둘 중 한 가지를 선택해야 할 때는 각각의 장점과 단점을 표로 그려 채운 다음 각 항목의 점수를 매겨본다. (47쪽 표 참조)

□ 여러 가지 고민이 한꺼번에 몰려올 때는 번호를 매겨 나열해보자. 그

리고 1번 고민부터 집중해 생각을 하나씩 정리해보자. 그러면 고민이 만만해진다. (49쪽 예시 참조)

□ 부정적인 감정에 휩싸여 있을 때는 1. 부정적인 감정을 다이어리에 모두 쏟아낸다. 2. 내가 쓴 글을 내 친한 지인이 내게 보낸 메시지라고 생각하고 읽는다. 3. 메시지에 대한 답장을 쓴다.

□ 불확실한 상황에 처해 있다면 근거 없이 낙관하지 말아야 한다. 현실은 받아들이되 그 안에서 할 수 있는 구체적인 일을 찾고 다이어리에 지금 내가 할 수 있는 작은 일을 적어보자.

□ 매일 다이어리를 쓰며 그날의 인상적인 느낌, 그 장소로 돌아가는 느낌을 오롯이 느껴보자. 한 번의 순간을 두 번 세 번 깊이 들여다보면 생각의 깊이 또한 깊어진다.

나는 매일 나를 기록한다

Part 02

○

□

기록으로
삶이
달라지다

Chapter 01

다이어리로
강의를 한다고?

"언니가 다이어리 쓰는 법을 알려줘서 제 삶이 이렇게 달라졌
어요. 다른 사람들에게도 알려주면 어때요?"

제가 다이어리 쓰는 법을 알려줬던 친한 동생의 한마디에 강
사로서의 여정이 시작됐습니다. '다이어리 쓰기 강의라니.' 콘텐
츠로서 충분한 가치가 있다고는 생각했지만 과연 얼마나 수요
가 있을까 우려되었습니다. 그런데 한 사람 한 사람 삶의 변화가
쌓이다 보니 어느새 많은 곳에서 찾는 강사가 되었습니다. 이번
Part 02에서는 제 다이어리 강의를 통해 원하는 것을 이룬 사람
들의 이야기 그리고 제 삶을 바꾼 이야기를 소개하겠습니다.

다른 사람들에게도 다이어리 쓰는 법을 알려주면 좋겠다고 말했던 동생 J는, 당시 대학 진학은 크게 생각이 없다며 아르바이트만 열심히 하던 스무 살 소녀였습니다. 이제 막 성인이 된 그녀는 삶의 방향성에 고민이 많았고, 저에게도 자신의 장점이 뭐냐는 질문을 자주 했습니다. 자존감이 낮았던 것이죠.

다정하고 꼼꼼한 J가 질문을 할 때마다 저는 진심 어린 대답을 해주었고 하루는 "내가 만들어주는 건 진짜 자존감이 아니야. 그건 네가 생각해서 네가 인정해야 쌓이는 거야."라며 스스로 장점 10개, 단점 10개를 써보라고 일러주었습니다. 그러다 문득 J에게 다이어리 쓰는 방법을 알려주면 도움이 되겠다는 생각이 들었습니다.

작은 동네 카페에서 만나 노트 한 권을 펼쳐놓고 한참을 이야기했던 기억이 납니다. 한 번도 누군가에게 알려줘야겠단 생각을 해본 적이 없어 어떻게 말해야 할까 고민하며 떠듬떠듬 알맞은 표현을 찾아 설명했습니다. 오래전 스무 살의 저 역시 자존감이 높은 사람이 되고 싶은 간절한 마음이었기에, 과거의 내 모습이 떠올라 조금 빠른 길을 알려주고 싶었던 것 같습니다.

그날부터 J는 다이어리를 쓰기 시작했습니다. 그리고 5년 후 유럽의 대학교에서 장학생으로 공부하며 좋은 성적에 장학금까지 받는, 그야말로 알찬 삶을 살게 되었습니다. 블로그도 열심히 운영해 협찬을 받고 어학 공부도 열심이었죠.

하지만 수많은 성취를 떠나 눈에 띄게 달라진 것은 J가 스스로를 대하는 태도였습니다. 자신의 어떤 면이 어여쁜지, 어떤 성장을 원하는지 꾸준히 자기 자신과 대화하며 눈빛을 반짝이고 있었죠. 그런 당당함은 J를 더 빛나게 했습니다. 그녀의 변화는 한낮에 햇살이 비치듯 밝은 기운이 퍼져나가는 느낌을 주었습니다.

어느 날 J와 한참 이야기꽃을 피우고 있을 때였습니다. J는 "언니, 제가 이렇게 점점 나은 사람이 되어가고 '내가 괜찮은 사람일까' 하는 의심이 사라진 건 정말 다이어리 덕분이에요. 고마워요."라고 했습니다. 고군분투하며 찾은 어떤 방법이 좋은 해결책으로 인정받는 순간이었습니다. 그리고 이어서 던진 말이 저를 새로운 고민으로 밀어넣었습니다. 앞서 말했던, 다른 사람들에게도 다이어리 쓰는 법을 알려주면 좋겠다는 말이었죠. 집으로 돌아오는 길, 제 머릿속은 '그러게, 이거 정말 좋은 건데, 다른 사람들도 알면 좋겠네. 클래스를 열어볼까?' 하는 생각으로 가득했습니다.

Chapter 02

시작은 가장 만만하고
하찮은 목표부터

클래스를 열 것인지 말 것인지 둘 중 하나를 결정해야 하는 순간, 저는 제일 먼저 무엇을 했을까요? 당연히 다이어리를 펼쳤습니다. 'A: 클래스를 연다' 'B: 클래스를 열지 않는다'를 쓰고 각각 장점과 단점을 적어보았습니다.(47쪽 참조) 그 결과 클래스를 열었을 때 장단점의 합산은 11점, 열지 않았을 때 장단점의 합산은 -1점이 나왔습니다. 어떤 선택을 해야 할지 명확해지자 제가 안주하고 싶은 감정 때문에 중요한 기회를 포기하려고 했다는 것을 깨달았습니다. 심지어 지금 충분히 할 수 있는 일인데도 고민했다는 것이 명확하게 보여서 부끄러웠어요. 저는 먼 미래의 원대한 목표가 아니라, 그저 더 많은 단점을 피하고 더 많은 장점을 좇는 실험으로서 클래스를 열기로 결심했습니다.

클래스에 한 명도 오지 않아도 괜찮다는 마음으로 강의를 기획했습니다. 클래스를 열기만 해도 성공할 수 있는 '수강생 0명'을 목표로 말이지요. 그렇게 직장인이던 저는 주말을 이용해 〈소원을 이루는 다이어리 클래스〉를 진행하게 됐습니다.

'수강생 0명 목표'의 경험은 지금까지 제게 큰 힘이 되어줍니다. 우리는 언제나 멀리 내다보려고 노력하면서 계획하지만 삶이 어디 계획대로 되던가요. 그러니 눈앞에 닥친 행동의 무게를 낮추는 가까운 목표부터 바로 보는 연습을 시작해야 합니다. 큰 꿈을 꾸면서 먼 비전을 찾아보는 일도 필요하지만 때때로 그런 생각이 족쇄가 되어 우리의 발목을 잡기도 합니다. 그래서 저는 뭔가를 시작하는 단계에서는 더더욱 내가 할 수 있는 가장 작은 일로 쪼개어 달성한 후에 목표를 다시 생각합니다.

예를 들어 '10킬로그램을 감량해 원하던 원피스를 당당하게 입기'라는 목표를 세웠다고 생각해봅시다. 운동을 전혀 하지 않던 사람이 빨리 목표를 이루고 싶은 마음에 주 7일 2시간 운동 계획을 세운다면 오히려 빨리 포기하게 될 확률이 높아질 거예요. 그렇다면 이런 방법은 어떨까요? 퇴근 후 8시가 되면 운동복을 갈아입는 것 그 자체를 목표로 잡아보는 거죠. 그다음 목표

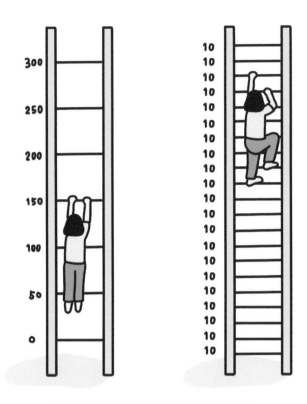

비일관성의 사다리(좌)와 일관성의 사다리(우)

는 운동복을 입고 엘리베이터를 타는 것입니다. 운동을 할 때 가장 힘든 시간은 집에서 나와 헬스장까지 가는 시간이었다는 사실을 기억해 그에 맞는 목표를 먼저 세우는 겁니다. 그러면 어느새 운동을 하고 있는 자신을 발견하게 될 것이고, 그걸 반복한다면 목표했던 바도 이룰 수 있겠죠.

왼쪽 그림을 보세요. 어떤 목표를 향해 갈 때 왼쪽 사다리처럼 한꺼번에 큰 목표를 이루려고 하다 보면 지치기 쉽습니다. 한 번 발을 내디딜 때 더 멀리 갈 수는 있겠지만, 뒤로 조금만 물러서고 싶을 때는 그렇게 할 수 없는 상태라 저 아래로 떨어지기 쉽겠죠. 반면에 오른쪽과 같이 간격이 좁은 사다리를 타고 올라가면 뒤로 잠시 물러나도 금세 안전하게 다리를 디뎌 내려갔다가 다시 오를 수가 있습니다.

처음 사다리를 오르기 시작할 땐 '나는 10만큼밖에 가지 못했는데 저 사람은 50만큼 갔네.'라며 비교하게 되는 순간도 있을 거예요. 하지만 포기하지 않고 10만큼씩 계속 나아가다 보면 어느새 더 높이 올라가 있는 자신을 발견하게 될 것입니다.

Chapter 03

괜찮은 모습
기록하기의 효과

　'사람이 어떻게 하고 싶은 일만 하면서 사니.' '하고 싶은 일 한 가지를 하려면 하기 싫은 일 아흔아홉 개를 해야 한다.' 하는 말들, 많이 들어봤을 거예요. 맞는 말이지만 이런 말을 들을 때 열정이 차오르기보다 한숨부터 나오는 게 현실입니다. 그렇지만 하기 싫은 일을 해야 한다는 것도 현실이죠. 어떻게 하면 하기 싫은 일을 가뿐히 해낼 수 있을까요?

　저는 프리랜서로 일하게 되면서부터 스스로 출퇴근 시간을 정해 사무실에 꼬박꼬박 나가는 일이 큰 숙제가 되었습니다. 특히 아침잠이 많은 제게 아침 출근은 쉽지 않은 일이었죠. 그래서 아침에 할 수 있는 좋아하는 일을 만들기 시작했습니다. 출근해서 명동성당과 분주한 사무실 사람들을 바라보며 개운하게 커피 마시는 생각을 하는 거죠. 좋아하는 풍경을 바라보며 커피 마시는 시간을 생각하니 침대에서 몸을 일으키기가 수월해졌습니다. 운동이 하기 싫을 때는 운동 끝나고 사 들고 올 블루베리와 요거트, 운동 후 집에 돌아와 개운하고 향기롭게 반신욕 할 시간을 떠올리며 헬스장으로 향하고요.

하고 싶은 일 한 가지를 위해 하기 싫은 일 아흔아홉 개를 해내야 한다면, 그 아흔아홉 개 일에 손톱만 한 애정이 담긴 좋아하는 일을 붙여보면 어떨까요? 다이어리 쓰기를 좋아하는 저는 업무에 집중이 안 될 때 잠시 다이어리를 펼쳐 생각을 정리합니다.

제가 원래 어느 정도 계획적이고 현실적인 사람이라 가능한 생활이라고 생각하는 분이 있을지도 모르겠습니다. 그러나 다이어리를 만나기 전 저의 모습에는 평범한 20대가 갖고 있는 생기라곤 전혀 없었습니다.

□ 다이어리로 첫 번째 꿈을 이루어내다

먼저 다이어리를 쓰기 시작했던 수험생 시절로 돌아가 제 이야기를 들려드릴게요.

저는 대입에 실패한 후 비장한 마음으로 온 정성을 쏟아 재수 생활을 했습니다. 그때 저는 일요일도 없이 공부에만 매달려 순위권 성적을 받았습니다. 그런데 수능을 두 달 정도 남겨두고 있던 어느 날 어금니에서 엄청난 통증이 느껴졌어요. 너무 놀라 치과로 향했고 치과 여덟 곳에서 이상이 없다는 이야기를 들었습니다. 치아에서 시작된 통증은 턱관절로, 왼쪽 얼굴 전체로 번졌습니다. 잠을 잘 수도 누워 있을 수도 없었고, 당연히 공부도 할수 없었습니다. 한 달간 거의 잠도 못 자고 울면서 시간을 보냈습니다. 그간의 노력이 물거품이 된다거나 당장 있을 수능이 걱정되지도 않을 만큼 통증은 심각했습니다. 논술 고사를 보러 가는 길, 병원에 먼저 들러 얼굴에 진통 주사를 맞았습니다. 그러곤 베개를 껴안고 울면서 고사장으로 가는데, 글을 쓰는 동안만이라도 참을 수 있는 고통만 있게 해달라고 빌고 또 빌었습니다.

통증은 점점 더 심해졌고, 평소엔 입안이 얼얼할 만큼 너무 강해서 쓰지 않던 구강청결제를 머금고 있으면 잠시라도 고통이 사라지는 듯해서 물에 희석해서 쓰기 시작했습니다. 몇 년은 쓰겠다고 생각했던 대형 구강청결제가 이틀 만에 바닥을 보였습니다. 그 후 지푸라기라도 잡는 심정으로 통증의학과로 향했고 의사 선생님은 이런 경우가 학회에 보고된 경우가 있다며, 치아의 문제가 아닌데 그 환자는 어금니를 두 개 다 뽑았다고 말했습니다. 나중에 알게 된 사실은 그 병의 이름이 '삼차신경통'이라는 것과 아이를 낳는 것의 6배에 달하는 고통을 주는 질환으로 알려졌다는 것입니다.

그렇게 수능이 얼마 남지 않았을 때 컨디션을 되찾고 공부를 해오던 학원으로 돌아갔더니 평소엔 자연스럽게 읽혔던 영어 지문 속 단어들이 머릿속을 둥둥 떠다녔습니다. 엎친 데 덮친 격으로 수능 당일에는 난생처음 마킹 실수에, 가장 자신 있던 수리 영역마저 망쳤지요. 그렇게 저는 현역 때보다 못한 성적을 받고 대학교에 입학했습니다.

100킬로그램 가까이 불어난 체중, 달라진 얼굴과 일주일에 한 번은 병원에 갈 만큼 나빠진 체력, 무엇보다 낮아진 자존감이 저를 괴롭혔습니다. 그것이 제가 스무 살에 모든 것을 들여 얻은 전부였습니다.

"다시는 도전 같은 거 하지 않을 거고, 다시는 목표도 세우지 않을 거야. 어차피 나는 노력해도 안 되는 사람이니까! 이렇게 최선을 다했는데도 안 되는 거면 신은 없는 게 확실해."

지금 생각하면 부끄러운 이야기지만 당시의 저는 다시 일어설 수 없을 것만 같았습니다. 나보다 더 노력하지 않은 친구들보다 낮은 학교에 진학했다는 패배감, 가능성을 믿었음에도 실패로 돌아왔을 때의 좌절감은 상처로 남았습니다.

그럼에도 불구하고 이 시기에 다이어리를 쓰면서 얻은 것이 한 가지 있다면, 스스로에게 질문하는 습관이었습니다. 외로운 수험생활을 하면서 입에 단내가 날 정도로 이야기를 안 하다 보니 하고 싶은 말, 불안한 감정 같은 것들을 모두 다이어리에 쏟아냈습니다. 그리고 어떤 결정을 내려야 할 때면 다이어리에 '왜'라는 질문을 하며 글로 써 내려갔죠. 수험생활은 실패했지만 저의 스무 살을 자신의 그릇을 넓혀간 시기였다고, 가장 힘들었지만 꼭 필요한 시기였다고 여기고 있습니다.

학교생활을 하면서 따뜻한 친구들을 만났습니다. 늘 예쁘다고 이야기해주고 사랑의 말을 아끼지 않는 소중한 친구들 덕분에 용기를 얻어 다이어트를 시작했습니다. 제 자신에 대해서는 늘 마음에 안 드는 것투성이었는데, 그 후 저의 괜찮은 모습들이 하나하나 눈에 들어왔습니다. 그 친구들에게 고마웠습니다. 그래서 습관처럼 써오던 다이어리에 친구들이 해주는 따뜻한 말과 행동을 기록했습니다. 스무 살의 시간은 인내와 고통뿐이었지만 앞으로는 20대의 모든 행복을 기록하면서 깊은 농도로 느끼고 싶었으니까요.

스물한 살 때부터 대학생활을 하면서 하고 싶은 일들을 하나씩 써 내려가기 시작했습니다. 아주 사소한 일까지도 말이죠. 그렇게 2년의 회복 시간 동안 제 마음속에는 편입이라는 단어가 몽글몽글 피어오르기 시작했습니다. 그러나 과거의 상처는 꿈을 현실로 키우기보다 억누르기 바빴습니다. 부모님 역시 또 한 번의 수험생활로 딸이 다시 아플까 걱정되어 반대하셨죠. 어렵사리 2년 만에 편입을 결심했을 때는 아버지의 퇴직 시기와 맞물려 경제적으로 어려움을 겪을 시기였습니다.

막막했지만 '뜻이 있는 곳에 길이 있다'는 문장을 다이어리에 적으며 아르바이트를 찾기 시작했습니다. 화요일부터 목요일까지 수업을 몰아넣고 하굣길에 베이커리 마감 아르바이트를 했습니다. 금요일부터 일요일까지는 레스토랑에서 풀타임 아르바이트를 했고요. 당시 최저 시급이 5,000원 정도였던 걸로 기억하는데, 8개월 만에 1,000만 원에 가까운 돈을 모아 수험생활을 시작했습니다. 돈을 모으는 동안 그렇게 좋아하던 옷도 사지 않았고 통학 버스비를 아끼려고 두 배는 돌아가는 지하철을 탔습니다. 당연히 친구들과의 시간도 멀리했고요. 그런데 한 순간도 불행하지 않았습니다. 제 다이어리 속에는 내가 지금 아르바이트를 하는 이유, 참고 있는 이유, 내가 편입을 원하는 이유, 어떤 공부를 하고 싶은지, 매일 더 깊어지는 생각과 동기부여의 순간으로 가득했으니까요.

그렇게 모은 1,000만 원으로 학원에 다니며 편입 공부를 했고 저는 꿈꾸던 학교에 입학했습니다. 재수를 하던 때도, 편입을 고민할 때도, 공부를 하고 있을 때도 늘 제 곁에는 한 권의 다이어리와 펜 한 자루가 있었습니다. 때로는 슬픔을 훌훌 털어버리며 노력할 수 있는 힘을 얻기도 했고, 때로는 희망찬 계획을 세우며 의지를 다지기도 했어요. 열등감과 상처로 가득했던 다이어리로 저는 마침내 과거의 상처를 딛고 일어섰습니다.

그런데 그때 썼던 다이어리가 가장 위로가 되는 순간은 놀랍게도 현재입니다. 사회생활하면서 자신감을 잃을 때, 또다시 막막함의 벽에 부딪힐 때 말이죠. 당시에 썼던 글들을 보다 보면 '그래, 그때도 이런 생각을 했는데 결국 해냈잖아! 이번에도 할 수 있어!' 하는 목소리가 불쑥 들려옵니다. 그리고 그때의 자신이 참 대견하게 느껴지면서 뭐든 해낼 수 있을 것만 같은 자신감을 얻습니다.

다이어리는 과거의 제게 한 걸음 더 나아갈 수 있는 힘을 주기도 했지만, 지금의 제게 힘이 되어주기도 해요. 한 해를 마무리 지을 때, 그리고 삶에 위로가 필요할 때, 나 스스로를 잘 알고 싶어질 때 꼭 다이어리에 그동안 기록한 글들을 읽어보길 바랍니다.

□ 기대가 크면 실망도 클까?

많은 사람이 '기대가 크면 실망도 큰 법'이라고 말합니다. 중요한 일의 결과 발표를 앞두고 있을 때 자주 듣는 말이죠. 그런데 저는 이 말을 좋아하지 않습니다. '기대'를 모르는 척하는 것 같거든요. 손꼽아 기다리던 일의 결과 발표를 앞둔 어느 날, 대학 선배가 "너무 기대하지 마. 그러다가 네가 너무 실망할까 봐 걱정돼."라고 말했습니다. 저를 위하는 따뜻한 말이었지만 그 순간 의문이 들었어요. 그날 저는 다이어리에 이렇게 적었습니다. '기대는 정말 나쁜 걸까? 어떻게 하면 기대를 하지 않을 수 있을까?'

생각해보니 최선을 다해 노력하고 나서 그 결과가 내 손에 잡히기를 바라며 기대하는 마음은 너무나 당연하고도 솔직한 마음입니다. '너무 기대하지 말아야지.'라고 생각한다고 정말 기대하는 마음을 없앨 수 있을까요? 그렇지 않습니다. 단지 솔직한 마음을 숨기는 것일 뿐, 실패가 다가왔을 때 실망하고 속상해하는 건 마찬가지예요. 때로 우리는 실패를 했을 때 가슴이 아픈데도 자신의 연약한 모습을 숨기고 싶어서 "어차피 기대하지 않았으니까 괜찮아."라고 이야기하기도 하고, 상처 입을까 두려워서 기대하지 말자는 말의 갑옷을 입기도 합니다.

하지만 저는 기대하는 마음이 들 때 용기를 내서 스스로에게 이렇게 말합니다.

"너무 기대돼. 잘 안 될 수도 있겠지. 그런데 그 실망감에 대한 슬픔은 그때 가서 느끼고 지금은 기대하는 마음의 설렘, 두근거림을 오롯이 느끼고 싶어. 살아있다는 느낌 그 자체로 좋잖아."

Chapter 04

'왜'라는 질문에서 찾는
나만의 정답

작년에 새로운 사업을 시작하고 너무 많이 걸어다녀서 그런지 발목과 발바닥 부상을 입어 한동안 물리치료를 받으러 다녔어요. 그러면서 운동을 쉬게 되었습니다. 그런데 1년도 채 되지 않아 체중은 10킬로그램 넘게 불어났죠. 예전이나 지금이나 저는 다이어트가 너무 어렵습니다. 그럼에도 스스로를 자랑스러워할 수 있는 건 포기하지 않고 10년째 다이어트를 꿋꿋하게 이어가고 있다는 것, 매운 닭발을 소울 푸드라고 외치던 제가 더이상 매운 음식을 좋아하지 않게 된 것, 밥 먹듯 병원을 들락거리게 했던 감기에 쉽게 걸리지 않게 된 것, 운동이라면 치가 떨렸는데 이제는 운동을 안 하면 허전함을 느끼는 사람이 된 것을 알기 때문입니다. 그리고 이 모든 것을 자랑스러워할 수 있게 된 것 역시 다이어리를 썼기 때문이에요.

　20대의 어느 날 평소와 같이 스피닝을 열심히 하고 집에 돌아오는 길, 지금까지 감량한 체중이 얼마나 될까 떠올려봤습니다. 10… 20… 38킬로그램! 자그마치 38킬로그램이었습니다. 그날까지 하루하루 더 높은 목표, 건강한 몸을 향해 달리기만 했을 뿐 내가 만든 성과를 알아차리지 못했다는 걸 깨달았습니다. 그 생각을 하자마자 눈물이 터져 나왔습니다. 술자리를 피하고 늘 음식을 가려 먹던 제 모습, 힘들어도 아파도 참고 운동을 하던 제 모습이 주마등처럼 스쳐가면서 괜한 안쓰러움이 몰려왔습니다.
　제가 이렇게 오랜 시간 한결같이 달릴 수 있었던 것은 그 모든 시간에 다이어리가 함께한 덕분이었습니다. 맛있는 커피에 디저트를 곁들이는 것을 인생의 아주 큰 행복이라고 생각했기에, '내가 왜 이렇게까지 참고 살아야 하나.' '마르게 태어난 사람들도 있는데 왜 나는 참고 살아야 하나.' 원망하기도 했습니다. 저는 이러한 의문과 원망스러운 감정을 다이어리에 마음껏 쏟아냈죠. 한결같이 격려해주신 트레이너 선생님의 말씀을 다이어리에 옮겨 적으며 다시 의지를 다지기도 했고요.
　'인생 불공평하다! 매일 맥주에 초콜릿에 먹어도 마르고 예쁜 친구들이 많은데, 왜 나는 참아도 아직도 통통한 거야! 너무 짜

증 난다!! 난 언제쯤 마를 수 있을까, 마를 수 있긴 한 걸까?'

저는 여기에서 그치지 않고 그 질문들에 답을 한번 해봤습니다.

'그래, 지금까지 먹은 걸 생각해보면 내가 다른 친구들보다 몇십 배는 더 먹긴 했지. 내게 다이어트를 하라고 강요한 사람은 아무도 없어. 그러니 당장 그만둘 수도 있지만 내가 선택한 거야. 이렇게 힘든 걸 굳이 왜 선택했지? 나는 나중에 패션과 관련된 일을 하고 싶을 만큼 예쁜 옷이 너무 좋아. 그런데 내가 입고 싶은 옷들은 날씬해야 잘 어울려. 그리고 나는 내 날씬한 모습이 너무 궁금해. 궁금해서 해보는 거야. 또 한 가지, 다이어트는 그저 겉모습을 위한 게 아니야. 운동하면서 얼마나 건강해졌어? 스트레스도 엄청 많이 풀리잖아. 그런데 먹고 싶을 때마다 먹으면 운동하면서 고생한 게 아깝지 않겠어? 정 먹고 싶으면 내일 아침에 눈 뜨자마자 먹자. 그럼 되는 거지! 이런 걸로 투정할 필요 없어. 난 지금도 꽤 괜찮은 사람이고, 다이어트를 함으로써 노력이라는 멋진 과정을 거치는 중일 뿐이야!'

이렇게 내가 왜 이런 노력을 해야 하는지, 왜 시작했는지를 떠올리며 싫은 감정들을 쏟아내고 나면 신기할 만큼 원망스러운 감정들이 사라졌습니다. 수험생활을 할 때도 마찬가지였어요. 열심히 공부를 했는데도 또 실패하면 어쩌나 싶은 불안이 파도

처럼 몰려오는 날이나 몸이 아파서 쉬고 싶은데 아르바이트를 해야만 할 때, 너무 화가 나고 스스로가 안타깝다는 생각이 드는 날, 그 모든 날에 솔직해지려고 애썼습니다. 열심히 공부했으니 불안하지 않은 척, 나를 위한 길이니 힘들지 않은 척, 그런 모든 '척'들을 시원하게 벗어던졌습니다.

생각해보니 다이어리는 피팅룸이나 다름없습니다. 구겨지고 내게 맞지 않는 옷처럼 느껴지는 불편한 옷을 발끝까지 벗기고 맨몸을 보게 한 다음, 다시 내게 가장 잘 어울리는 옷을 입혀주는 곳이죠.

그때 생긴 습관은 지금도 매일 저를 단련시킵니다. 사업 확장 때문에 불안할 때, 내가 자질이 없는 사람일까 봐 두려울 때, 괜히 화를 낸 내 모습이 싫을 때, 그 모든 순간에 저는 다이어리에 '왜'를 적어 맨 얼굴을 보고 답을 적어 내려갑니다.

마지막으로 나를 자극하는 시각적인 요소를 곁에 두었습니다. 예를 들어 다이어트를 할 때는 입고 싶은 옷을 사서 매일 볼 수 있는 곳에 걸어뒀고, 대외 활동으로 영국에 갈 준비를 할 때는 영국 국기가 그려진 휴대폰 케이스를 썼죠. 그렇게 제가 그리는 목표를 잊지 않을 수 있도록, 지칠 때마다 다시 한번 주먹을 꽉 쥘 수 있도록 했습니다. 성공은 결코 한 순간의 영감에서 비롯되는 것이 아니었습니다. 한 번 주먹을 꽉 쥐는 순간들이 모여 만들어지는 것이죠.

내 목표를 남에게 보이기 싫을 때도 있습니다. 예를 들어 편입을 할 때 저는 제가 진학하고자 하는 학교 이름을 말하는 게 너무 어려웠어요. 또 실패하면 창피하고 슬플까 봐요. 그때 나만의 공간인 다이어리에 학교 이름을 맘껏 적어보기도 하고, 합격증을 출력해서 붙이거나 학교 앞에서 찍은 사진을 붙여보기도 했습니다. 목표를 숨겨야 한다는 것이 아닙니다. 말할 수 있을 만큼 단단한 마음을 가졌다면 말해도 좋아요. 하지만 어떤 순간에는 혼자만의 비밀로 삼고 싶은 일이 있을 수 있잖아요.

다이어리를 쓸 때마다 저는 '나는 참 나약하다.'라고 생각합니다. 어떤 날에는 별것도 아닌 일로 세상 모든 것을 이뤄낼 수 있을 것 같은 자신감을 갖다가도 또 어떤 날은 별것도 아닌 일로 세상이 무너져 내린 듯이 좌절하기도 하니까요. 그 과정을 반복하는 스스로를 바라보고 있자면 겸손은 친구처럼 함께 따라옵니다.

□ 다이어트 성공 후 모델 계약까지

라이프스타일 브랜드 B로부터 광고모델 계약 제안을 받아 촬영을 한 날이었습니다. 하루 끝에 계약서를 보고 있으니 이상한 마음이 들었습니다. 대학교 때도 저는 발표라면 피하고 싶어 했던 학생이었고 여전히 강연을 앞두고는 체할까 봐 식사도 잘 못합니다. 그런 제가 모델을 다 해보다니요. 꿈꿔본 적 없는 일이었는데, 막상 그 일을 하자 스스로가 참 자랑스러웠습니다. '내가 그리던 꿈은 아니지만 포기하지 않으니 이런 재밌는 기회가 제 발로 찾아왔구나.' 하면서요.

인생은 예상할 수 없는 일투성이라 두렵고 절망스러운 순간이 많습니다. 그럼에도 불구하고 제 인생에 생각보다 기적같은 일이 더 자주, 빨리 찾아온다는 것을 다이어리를 쓰면서 알게 되었습니다.

그렇게 못할 거라 생각하고 낯설게 느껴왔던 일을 경험해보고 나니, 세상이 더 넓어지고 자유로움이 느껴집니다. 그리고 다이어리에 어김없이 적어 내려갑니다. 모델 계약이 내게 어떤 의미로 다가오는지, 어떤 감정을 느끼는지 적으면서 스스로를 충분하게 안아주는 시간을 가졌습니다.

□ 강사, 작가로 월급에서 독립하다

직장생활을 할 때 저는 제가 하는 일이 참 좋았습니다. 판매와 영업, 서비스와 관련된 직무들을 해왔죠. 회사를 떠나 사업을 하는 건, 경력이 튼튼하게 쌓인 뒤 마흔 정도에나 시작할 것 같은 머나먼 꿈같은 일이었습니다.

탈잉에서 클래스를 진행하며 변화하는 수강생들을 지켜보다 보니 '오~ 이러다 10년쯤 후에는 더 많은 사람들 앞에서 정장입고 강사로 소개하는 날이 올 수도 있는 거 아냐? 생각만으로도 웃기다. 그런데 혹시 모르잖아, 사람 일?' 이런 상상을 했지요. 그런데 상상한 지 6개월 만에 청년지원센터, 지역도서관, 대기업에서 연락을 받았고 1년 사이에 강사료는 3배가 올랐습니다. 자연스럽게 꿈꿔오던 분홍빛의 예쁜 강사 명함이 생겼죠.

그뿐 아니라 수업 내용 그대로 다이어리를 만들면 좋겠다는 이야기를 듣고 디자인과는 전혀 무관하던 제가 디자인을 시작했습니다. 그렇게 만든 다이어리는 2년째 상품으로 출시되고 트위터에서 매물을 구한다는 글도 떠돌고 있습니다. 평범한 회사원이었던 제가 어느새 강연을 하고, 상품을 제작하고, 새로운 클래스를 기획하고 있었습니다. 그렇게 월급의 달콤함을 포기하고 꿈을 찾아 떠나게 되었습니다.

퇴사, 파이어족이 유행이라지만 모든 사람이 자신만의 일을 시작해야 한다고 생각하지 않습니다. 저 역시 사업을 하면서 한 치 앞을 모를 불안감이 드는 날이면 '그냥 회사에 있을 걸 그랬나.' 하고 후회하기도 합니다. 그럼에도 제가 행복하다고 생각하면서 끊임없이 노력할 수 있는 건, 매일 밤을 새워도 행복할 만큼 사랑하는 일을 하고 있기 때문입니다. 사랑하는 것들의 조각을 모으는 것, 그래서 아주 작은 사랑의 조각보라도 모두 이어 붙여서 큰 사랑의 이불을 꾀어가는 것, 그것이 제가 다이어리를 쓰며 하는 일입니다.

□ 서류 all pass, 5,000만 원 지원받다

어느 날 갑자기 의문이 들었습니다.

'나는 강의하는 걸 좋아하는 걸까? 뭔지 몰라도 사업을 하는 그 자체를 좋아하는 걸까? 아니, 사업이라는 게 과연 내가 할 수 있는 거긴 할까?'

다이어리를 쓰면서 '왜'라는 질문을 하는 습관과 '어떻게' 할지 행동을 쓰는 습관이 더해지니 결심이 섰습니다.

'터무니없는 주제로 사업을 작게 진행해보자. 그럼 알 수 있을

거야. 내게 사업이 맞는지, 아니면 강의를 늘리고 싶은 건지!'

급작스레 떠올린 생각으로 언더웨어 사업을 시작했고 역시나 고생길이 활짝 열렸습니다. 제작을 거절하는 수많은 제조사, 국내에서 쉽게 구할 수 없는 원단, 생각보다 훨씬 오래 걸리는 제작 소요 시간까지 모든 것이 산 넘어 산이었습니다. 포기하고 싶고 후회되는 마음에 새벽까지 울면서 다이어리를 쓴 날도 많았어요. 그렇게 시작한 사업으로 결국 펀딩을 진행했고 3개월 만에 3,000만 원의 매출을 올렸습니다. 팀원 한 명 없이 혼자서 모든 일을 진행한 결과물이었으니 그 희열은 말로 다 할 수 없었지요. 제가 사업가의 길을 가기로 결심한 것은 단순히 돈 때문이 아니었습니다. 백 번 포기할까 고민하고 울면서도 마침내 해냈을 때 느낀 희열을 기록을 통해 알아차리고 나니, 이 길을 가야만 한다는 사명감이 들었어요.

펀딩으로 번 돈을 갖고 뉴욕으로 떠났습니다. 꿈꿔왔던 주제로 사업을 할 수 있을지, 더 넓은 시장을 보고 가늠하기 위해서였죠. 뉴욕에서도 매일 다이어리를 쓰며 생각을 정리했습니다. 그리고 큰 도시에서 다른 삶을 사는 사람들을 보며 매일 다이어리에 생각을 정리하다 보니 한국에서 했던 고민들 역시 하나씩 정리가 됐습니다.

한국에 돌아와서도 매일 다이어리를 썼습니다. 사업을 확장하고 싶은 건지, 그게 아니면 더 깊은 수준의 공부를 하고 싶은 건지, 그렇다면 어떤 공부를 해야 하는지 고민이 깊어졌고 매일 다이어리에 글을 쓰고 또 썼습니다. 또다시 해야 할 일들이 그려졌습니다.

'그래, 올해 내 목표는 사업계획서를 써서 국가지원사업에 제출만이라도 해보는 거야! 그게 내 목표야. 왜냐면 내 재능은 여기에 있으니까.'

제주도로 두 번 출장을 다녀오는 동안에도 머릿속에는 오로지 사업계획서 생각뿐이었고 어떤 날은 전혀 생각이 떠오르지 않아 불안하고 두렵기도 했습니다. 저는 이 모든 상황을 다이어리에 적었습니다.

'아니야, 나는 분명히 다 쓰게 될 거야. 생각하고 말 거야. 네가 이기나, 내가 이기나 해보자!'

그렇게 오랜 고민 끝에 실마리를 찾았고 저를 누구보다 진심으로 생각하고 응원해주는 든든한 팀원과 함께 밤낮을 가리지 않고 사업계획서를 써 내려갔습니다. 예비창업자로서 상반기에 지원할 수 있는 굵직한 사업은 3가지가 있었습니다.

서류심사 결과, 지원한 3가지 사업 모두 합격!

뛸듯이 기뻤습니다. 그동안 강사생활의 경험과 노력이 빛을 발해 발표장에서도 좋은 피드백을 받았습니다. "데스크 리서치가 완벽하다. 대표님의 이력과 의지가 돋보인다. 시장에 대한 이해도가 높고 아이디어가 정말 좋다. 처음 사업하는 분이 아닌 것 같다." 그리고 최종 합격!

3가지 사업 중 2가지에 최종 합격했고 그중 하나의 사업 지원금으로 5,000만 원을 받았습니다.

제가 발표장에서 이런 칭찬을 받을 거라고는 생각해본 적이 없습니다. 직장에서도 빠르게 승진하거나 업계에서 최고가 되고 싶은 욕심도 없었죠. 막연히 40대에 어떤 사업을 하면 좋겠다고 생각하던, 제게 일어날 것 같지 않은 일이었습니다. 그리고 이 원고를 쓰고 있는 지금, 저는 사업상 아이디어 확장을 위해 유럽에 와있고 매일 미술관과 음악당에 드나들고 있습니다. 이것이 바로 제가 꿈꾸던 삶입니다. 지금은 베를린에서 창밖 노란 불빛을 바라보면서 원고를 집필하고 있지요. 다른 사람들이 꿈을 꾸기만 할 때, 제가 매번 그 꿈에 다가갈 수 있던 비법은 오로지 하나, 다이어리와 한 몸이 되어 기록을 놓지 않았고, 성찰과 실천이라는 씨줄과 날줄을 계속 엮어나간 것입니다.

Chapter 05

이불 빨래하듯
마음 세탁하기

취업을 하고 가장 먼저 침구를 하얀색으로 바꾸었습니다. 10년 조금 넘게 살고 있는 지금 집은 이사 온 후로 큰 변화가 없었는데 호텔처럼 하얀 침구를 쓰고 싶다는 생각은 오래전부터 해왔거든요. 일종의 로망이었죠. 하루 중 4분의 1은 자면서 보내는데, 적지 않은 시간을 보내는 침대의 질, 즉 수면의 질을 높이고 싶었습니다.

고가는 아니었지만 처음으로 큰맘 먹고 부드러운 호텔 침구와 충전제, 그리고 감성을 더해줄 베개 4개를 추가로 구매했습니다. 베개는 하나면 충분했지만, 베개를 쌓아두고 거기에 기대어 책을 읽고 싶었거든요. 누군가는 그 돈이면 좋은 가방을 사겠다고 했지만 그건 제가 원하는 게 아니었어요.

프랑스 철학가 라캉은 "인간은 타인의 욕망을 욕망한다."라고 했습니다. 당신이 욕망하는 것은 정말 당신의 욕망이 맞나요? 정말 당신을 오래도록 잔잔하게 기쁘게 할 욕망은 무엇인가요? 별것 아니더라도 진지하게 한번 생각해보고 기록해보세요. 그리고 그 욕망을 이루기 위해 무엇을 해야 하는지 차근히 작은 계획부터 세워보세요. 그 과정에 집중하다 보면 분명 별생각 없이 매일 반복하는 일로 채우던 하루에 생기가 더해질 거예요.

하얀 침구를 쓴다고 하면 가장 먼저 돌아오는 말이 "관리하기 번거롭지 않아?"입니다. 그런데 하얀 침구를 쓸 때 가장 좋은 점은 작은 얼룩도 빨리 알아차릴 수 있어 자주 세탁하게 된다는 점이에요. 하얀 침구를 쓰고부터는 왠지 자주 깨끗하게 해줘야겠다는 생각에 아무리 바빠도 주말에는 시간을 내서 이불 빨래를 합니다. 이불 빨래를 하는 날엔 온 집 안이 뽀송하고 향긋한 섬유유연제 향기로 가득합니다. 이불을 널어놓고 잠시 앉아 여유도 부려봅니다. 그렇게 이불이 마르고 뽀송해진 커버에 속을 넣고 나면 '지금만큼 기분 좋은 순간도 없다' 싶을 만큼 행복합니다. 하얀 침구는 마치 아직 아무것도 쓰지 않은 다이어리라는 빈 종이 같고, 다이어리에 비워낸 제 속마음 같기도 합니다.

어두운 이불을 썼다면, 이불을 깨끗하게 하는 동안 느낄 수 있는 많은 행복과 개운함을 놓쳤을 거예요. 다이어리에 빈 종이가 없었다면 내 마음이라는 이불에 어떤 얼룩이 묻었는지, 행복한지 괴로운지 알아차리기 힘들었을 거예요. 업무에 치일 때면 제 마음의 이불에 이런저런 때가 묻어 어느새 꼬질꼬질해집니다. 그럴 때 저는 어김없이 하얀 이불을 꿈꾸며 다이어리로 마음 이불 세탁을 합니다.

여러분의 마음 이불은 언제 마지막으로 세탁했나요?

Chapter 06

절망도 기록하는 이유,
내일의 나를 위해

'다이어리로 소원을 이루고 삶이 달라진다.'

이 말이 타당성을 가지려면 수강생들에게 과거의 성취만 이야기하는 것이 아니라 강사인 저도 매년 무언가 성취해 이야기를 업데이트해야 한다는 생각이 들었습니다. 그래서 저 역시 뭔가 하기 싫은 순간 또는 마음이 무너져 내리는 날이면 강의하면서 수백 번 했던 말들을 떠올리며 가장 먼저 다이어리를 펼쳐 스스로를 다잡습니다. Part 01에서 다룬 내용을 저 역시 위기의 순간마다 다시 꺼내어 읽어본 셈이죠.

다이어리로 삶을 바꾸는 법을 강의하면서 가장 중요한 점은 강사인 제가 끊임없이 성장하고 변화하는 것입니다. 운동을 못하는 헬스 트레이너, 간을 못 보는 요리사는 존재할 수 없으니까요.

'내가 내 삶을 제대로 끌어가지 못한다면 누가 내 이야기를 듣고 다이어리를 쓰고 싶을까.' 하는 신뢰성에 대한 고민은 책임감이 되었고, 처음에 부담으로 다가왔던 책임감은 이내 제가 더 빠른 속도로 크고 작은 일들을 이뤄가고 다이어리를 보다 더 적극적으로 활용할 수 있게 하는 원동력이 되었습니다. 정말 솔직하게 마음을 털어놓고 있는지 질문했고, 매일 스스로 원하는 게 무엇인지 질문하고 답했습니다. 그리고 할 수 있는 가장 작은 일을 매일의 체크 리스트에 작성하면서 꿈에 한 걸음씩 다가갔습니다. 그리고 앞서 소개한, 사람들이 놀랄 만한 성과를 쌓아갔지요.

저는 다이어리를 통해 스스로를 대하는 방법을 완벽하게 마스터해 부정적인 순간을 겪지 않는 사람이 아닙니다. 매 순간 불안하고 끊임없이 조바심을 내지만 다이어리를 통해 해소하고, 이를 원동력으로 삼는 방법을 알아가면서 실천에 힘쓰고 있을 뿐입니다.

책임감은 수강생들에게도 전염되었습니다. 그들은 수업 이후 한 해 동안 다이어리를 열심히 채워 성장했다는 이야기를 들려주고 싶다며 삶에 최선을 다하기 시작했죠. 각자가 가진 작은 다이어리 한 권이 매일에 최선을 다할 책임감이 되었습니다.

저 역시 연말에 다이어리를 펼쳐볼 미래의 저를 위해, 오늘은 당당하지만 주눅 들 다음 주의 나를 위해 매일 글을 씁니다. 연말에 나를 위한 내 책이 한 권 나오는 시간을 기다리는 거죠. 한해 동안 손때가 잔뜩 묻고 어떤 페이지는 구겨지고 커피도 한 방울 튄 다이어리를 보고 있으면, 마치 지나간 시간을 한 편의 드라마로 보는 기분입니다.

매월 초와 말에 다이어리를 다시 펼쳐보는 시간을 갖기도 합니다. 의욕이 없거나 열심히 해도 불안한 마음이 들 때, 기분이 좋지 않은데 그 이유를 모를 때도 다이어리를 다시 펼쳐봅니다. 다이어리에는 내가 지나온 발자취가 고스란히 남아있기 때문에 대부분의 경우 감정이나 행동의 원인을 알 수 있는 근거를 찾을 수 있거든요. 구체적인 다이어리 작성법에 대해서는 Part 03에서 자세히 설명하겠습니다.

Chapter 07

2년, 300명의
수강생을 만나다

'다이어리 하나로 진짜 달라질까? 저자만 그런거 아니야?' 하고 의심이 들 수 있습니다. 클래스를 처음 기획할 때만 해도 저조차 그런 의심이 있었으니까요. 그런데 지난 2년이 넘는 시간 동안 300명이 넘는 수강생을 만나고, 그들의 삶이 다이어리를 쓰고 어떻게 달라지는지 지켜보면서 확신이 생겼습니다. 특별한 건 제가 아니라 다이어리를 쓰는 방법이었다는 것에 대한 확신 말입니다. 이번 Chapter 07에서는 1년도 채 안 되는 시간 사이에 다이어리를 쓰며 달라진 사람들의 실제 이야기를 담았습니다. 다음 글의 주인공은 지금 이 글을 읽고 있는 여러분이 될 수도 있겠지요.

□ 파워 P였던 회사원, 파워 J가 되다

평범한 회사원 A는 일러스트레이터가 되고 싶다는 꿈이 있었지만 해야 할 일들을 생각하는 것만으로도 피곤해져 눈앞에 닥친 일들을 해나가며 하루하루 보내고 있었어요. 그러다 제 다이어리 클래스를 수강한 것을 계기로 매일 다이어리를 쓰기 시작했어요. 막연해서 생각에 그쳤던, 꿈을 이루기 위해 해야 하는 일들을 하나씩 적다 보니 '해볼 만하겠다'는 마음이 꿈틀대기 시작한 거예요. 내가 원하는 걸 깊게 들여다보기 시작하고 오늘 할 수 있는 가장 작은 'to do list'를 쓰기 시작하니 자신도 모르는 사이 계획적인 사람이 되어갔다고 합니다.

MBTI의 P 성향과 J 성향 중 어느 쪽이 낫다고는 결코 말할 수 없지요. 다만 체계적으로 계획을 세우는 성향인 J는 어떤 일을 시작할 때 용이하다는 생각이 듭니다.

A는 원래 즉흥적으로 일을 하는 스타일이었는데 다이어리에 해야 할 일을 미리 적는 습관을 들이다 보니 J로 바뀐 것 같다고 하더라고요. 결국 자신이 그린 그림으로 본격적으로 인스타툰을 연재하기 시작했고, 1년 후엔 브랜드 협업 제안, 굿즈 제작과 판매를 하게 되어 좋아하는 일로도 돈을 벌 수 있다는 걸 알게 됐습

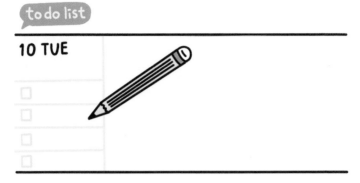

계획적인 사람으로 만들어주는 to do list

니다. 이 정도면 '삶을 바꾼 다이어리'라는 이름이 무색하지 않을
정도로 활용을 아주 잘한 것이지요.

□ 우울증이 호전되다

수강생 K는 글쓰기나 플래너 사용이 정신 건강과 계획적인
삶에 좋다는 이야기를 듣고 우울증을 극복해보고자 하는 노력
의 일환으로 항목과 기호를 활용해 업무, 스케줄, 메모 등을 효
율적으로 관리하는 다이어리 불렛저널, Q&A다이어리 등 다양
한 형태의 다이어리를 구입했지만 꾸준하게 쓰지 못했어요. 그
런데 제 클래스를 듣고 매일 써야 한다는 강박을 내려놓으니 오

히려 쓰는 일이 즐거워져서 자주 다이어리를 펼치게 되었다고 합니다. 그리고 결국 길었던 무기력한 과거를 벗어던지고 취업에 성공했어요. 아래는 수강생이 직접 보내온 메시지입니다.

우울증에 잠겨 힘든 시기를 보내다가 어떤 계기로 다시 일어날 용기를 얻었는데, 정작 일어나기 위해서 뭘 해야 할지 막막했어요. 일단 계획이라도 세우면 길이 보이지 않을까 싶어서 막연하게 앞으로 무엇을 할지 정리하고 있었는데, 그때 텀블벅에 올라온 사르르 다이어리 펀딩을 보게 됐어요. 다이어리 쓰는 법을 알려준다는 말에 흥미를 느껴서 바로 신청했죠.

다이어리를 쓰면서 취업에 필요한 준비를 했더니 해야 할 것이 한눈에 보였고, 그대로 실천하면서 5개월 만에 취업에 성공했어요. 그런데 다이어리를 쓰면서 제가 느끼는 가장 큰 장점은 취업 성공이 아니었습니다. 다이어리를 쓰기 전엔 앞은 깜깜하고 뒤엔 물이 있는 것 같은 기분이었어요. 더 이상 물러날 곳이 없는데 앞이 보이지 않아서 현상 유지가 최선인 것 같은 상태였죠. 하지만 다이어리를 쓰게 되니 계획을 하고 실천하는 과정에서 앞이 점점 밝아지고, 감정을 해소하고 정리하는 과정에서 뒤에 있는 것 같던 물이 점점 멀어졌어요. 우울이 밀려오고 현재에 안주하고 싶어지는 때를 돌아보면 다이어리 채우는 걸 잊고 있을 때더라고요. 다시 다이어리를 펼쳤고 스스로를 점검하면서 더 나은 사람이 되어간다는 작은 확신이 쌓였어요. 제가 무뎌질 때 다시 버틸 수 있는 확실한 수단이 있다는 사실이 나를 안심시키더라고요.

□ 다시 얻은 삶의 기회, 소중함이 더 선명해지다

쉼 없이 최선을 다해 달려온 B는 지병으로 죽을 고비를 넘기고 나자 '무엇을 위해 그렇게 앞만 보고 달리느라 자신을 돌보지 않았나.' 하는 후회가 남았습니다. 하지만 열심히 달려가던 관성 때문에 불안함을 떨치기가 너무나 어려웠죠. 결혼과 취업 등으로 자주 불안함을 느끼던 그녀는 불안할 때마다 다이어리를 펼쳐 자신이 무엇을 원하는지 자주 물어봤어요. 지금도 여전히 쉽지 않지만 행복 요소를 삶에 끼워 넣으며 몸과 마음의 건강을 회복하고 있습니다.

제 다이어리에는 뻔한 말이지만 뻔하지 않은 희로애락과 안정감이 담겨있어요. 당장 한 달 전 이맘때를 생각해보면 내가 뭘

했는지 생각이 안 나는 경우가 다반사인데, 기록한 것을 보면 기억을 되새기게 돼요. 희로애락, 나의 감정들이 담겨있어요. 인생이 담겨있는 거죠! 특히 저 같은 경우는 미래에 대한 불안, 또 과거에 대한 후회 등으로 마음이 요동칠 때마다 다이어리를 쓰면서 안정감을 찾아요. 그저 썼을 뿐인데 마음이 차분히 가라앉더라고요. 다이어리를 쓰면서 다시 한 발 내디딜 용기를 얻고 있어요. 마음이 불안할 때 다이어리를 펼친 후 펜을 집어 듭니다. 그리고 감정에 휘둘리기 전에 다이어리에 눌러 담아요. 튜터님 수업을 듣기전에는 반년만 열심히 쓰고 반년은 공백기이던 "~했다." 정도의 일기장 같던 다이어리가 이제는 제 자서전처럼 하루, 한 주, 한 달 채워지고 있어요. 다이어리가 인생의 동반자라고 말할 정도로 이제는 제 곁에서 떼어놓을 수 없습니다!

□ 더 좋은 사람이 되어 더 좋은 연애를 하다

T는 3년간 했던 연애의 종지부를 찍고 더 멋진 사람이 되고 싶은 마음으로 제 수업을 찾아왔습니다. 매일 쓰는 다이어리에 솔직하게 마음을 털어놓고 자신을 이해하다 보니 신기하게 더 좋은 사람을 알아보는 안목이 생겼다고 합니다. 몇 달이 지나 T에

게 전화가 걸려왔는데 "왜 이제서야 쓰기 시작했을까 싶어요."
라며 다이어리를 쓰기 전의 삶이 평면으로 펼쳐지는 것 같았다
면 지금은 투명한 건물을 들여다보듯 자기 삶의 구조가 보인다
고 했습니다. 스스로 강해졌다 느끼고 앞으로 함께할 가장 든든
한 동반자가 생긴 기분이라고도 합니다. 연인과 싸우더라도 다
이어리에 마음을 털어놓고 나면 더 좋은 대화를 할 수 있어서 스
스로 한층 성숙한 사람이 되어 성숙한 연애를 하고 있다는 인식
이 매일을 알차게 만들어준다고 해요.

□ 자신을 대하는 법을 배우다

직장인 S는 타인의 시선에 아주 민감했습니다. 스트레스를 받
거나 인정받고 싶은 날엔 쇼핑을 하거나 시술을 받기도 했습니
다. 하지만 이런 날이 쌓일수록 후회와 공허함을 느꼈어요. 그런
그가 다이어리를 쓰기 시작하면서 자신에게 필요한 게 뭔지 그
때그때 찾아서 스스로 처방했어요. 다이어리를 써서 가장 좋은
점이 뭐냐고 묻자, 그는 무심코 지나가버리는 시간들을 붙잡게
되니 허비하는 시간이 줄었다는 점이라고 했습니다.

다이어리에 무엇이든 직관적으로 적어놓으니 제가 계획했던 바를 이행하지 못하는 일이 확연히 줄었어요. 하지만 타고난 성향 자체가 꼼꼼하고 계획적이기에 이 점만 놓고 보아선 유의미한 변화라 말하긴 어려워요. 또 요즘은 스마트폰의 일정 관리 앱에 기록하는 것이 어떤 면에선 경제적이에요. 그렇기 때문에 다른 점을 말씀드리고 싶어요.

저는 튜터님을 만나기 전에는 생활 패턴 관리 용도로만 다이어리를 이용하고 있었어요. 그런데 기질적으로 섬세한 면이 있어 때때로 혼자 마음고생을 하고, 감정 기복이 있는 사람인 제가 '다이어리 쓰는 법' 강의를 듣고 그 감정의 실체가 무엇인지 인지하게 되었어요.

다이어리를 쓸 때 하루를 돌아보게 되는데, 수업에서 배운 대로 주된 사건이나 에피소드를 중심으로 기술한 뒤 그에 따른 정서를 써 내려가요. '내가 이런 일을 겪었다. → 열등감이 느껴져서 울적했다. → 나는 이런 상황 혹은 인물에게 열등감을 느끼는구나.' 하는 방식으로요. 그러다 보니 제 감정을 더 자세히 알게 되었고 부정적인 감정이 올라올 때 단순히 '우울' '짜증' 정도로만 구분 짓지 않게 됐어요. 이것이 반복되어 습관이 됐다고 자신한 뒤로는 비슷한 류의 정서를 느낄 때 스스로를 탓하지 않게 되더라고요. 그저 어떻게 흘려보낼 수 있을지 가만히 생각하거나 과거 비슷한 일을 겪었을 때의 기록을 찾아보기도 해요. 이렇게 스스로 감정을 관리할 수 있게 된 것이 다이어리를 쓰면서 최고로 감사한 점입니다. 다이어리의 장점을 한마디로 정리하자면 '내 편을 더 잘 들어줄 수 있게 되었다'는 것입니다. 아무리 친한 친구나 가까운 가족이어도 결국 영원하고 절대적인 내 편은 오로지 나 자신뿐이잖아요. 머리로는 그걸 알았어도 크게 와닿진 않았는데 다이어리 덕에 체감해요. 내가 듣고 싶은 맞춤형 위로와 해결책은 결국 나만이 줄 수 있다는 사실을요.

수강생들이 다이어리를 통해 달라진 모습과 생각을 이렇게 전해줄 때마다 '내가 특별한 게 아니었구나. 이 방법이 특별한 거였구나.' 하고 생각합니다. 누군가 제게 가장 재밌는 게 뭐냐고 묻는다면 저는 제 인생이 제일 재미있다고 이야기하곤 해요. 한 치 앞을 알 수 없지만 늘 새로운 일을 계획하고 배우고 스스로를 발견하는 이 모든 여정은 익숙해지지 않는 설렘을 선물합니다. 스스로 알고 있다고 생각한 내 모습이 전부가 아니었다는 걸 깨닫는 순간, 파면 팔수록 더 깊은 땅 속에서 더 귀한 보석을 발견하는 듯한 기분이 듭니다.

우리는 '여유롭고 싶다'는 이야기를 자주 합니다. 그런데 여유는 마음먹는다고, 자연스럽게 상황이 된다고 제 발로 순순히 찾아오는 녀석이 아닙니다. 행복도 마찬가지죠. 우리가 스스로 빈틈을 만들거나 행복해지려고 안간힘을 쓰지 않으면 점점 더 이런 감정을 느끼기 어렵습니다.

나이가 들어갈수록 책임은 하나씩 늘어가고, 행복과 여유를 적극적으로 만들기보다는 흘러가는 대로 맡기는 것에 익숙해집니다. 저 역시 바쁠 때면 눈앞에 닥친 일을 해결하기에 급급하고, 주말이 되면 맛있는 음식이나 먹고, 실컷 자거나 좋은 영화나 보면서 보내곤 해요. 그러고 나면 가끔은 허무함이 밀려오기도 합니다. 이럴 때 다이어리를 펼쳐 '하고 싶은 일'에 적어두었던 목록(153쪽 참조)을 들여다보세요. 그리고 지금 당장 할 수 있는 일 하나를 골라 실천해보세요. 하고 싶은 일을 한 만큼 허무감은 줄어들고 대신 행복이 찾아들 거예요.

오늘도 우리에게는 4×10센티미터의 작은 칸이 동일하게 주어졌습니다. 모두에게 주어지는 하루, 모두에게 주어지는 4×10센티미터의 작은 칸, 그 칸을 모아갈지 아니면 흘려보낼지는 스스로의 몫입니다. 여러분의 4×10센티미터는 어떤 가능성을 가지고 있나요?

Chapter 08

타인과의 비교는
나쁘기만 할까?

"저는 주변 사람들을 많이 의식하고 늘 비교하는 습관이 있어요. 좋지 않다고들 하는데 어떻게 해야 비교하는 습관을 고칠 수 있을까요?"

수업을 하다 보면 많은 분이 '비교하는 습관'을 자신의 문제점으로 꼽습니다. 하지만 저는 비교하는 게 당연한 인간의 속성이라고 생각해요. 저도 인정받기를 좋아하고, 무의식적으로든 의식적으로든 수없이 타인과 비교하곤 합니다. 이때 중요한 건 비교 끝에 남는 나의 진짜 생각과 감정을 들여다보는 거예요.

취업 준비를 하던 시기, 꿈꾸던 회사에 저보다 먼저 입사한 친구의 회사생활을 어깨너머로 보면서 열등감을 억누르는 게 일상이었습니다. '나도 더 열심히 해야지, 좋겠다. 난 언제 합격할 수 있을까?' 이런 생각을 하다가도, '나는 나대로 열심히 하고 있는데 왜 누군가와 비교하지? 그러지 말아야겠다.' 하고 억지로 생각을 떨쳐내려고 노력했어요. 비교하는 스스로가 밉기까지 했습니다.

그러다 문득 이런 생각이 들었어요. '부럽고 열등감을 느끼는 게 사실인데, 왜 내 솔직한 마음을 외면해야 하지?' 그래서 펜을 들고 날것의 감정을 써 내려가기 시작했습니다.

중요한 건 비교하지 않는 게 아닙니다. 비교하더라도 그 결과로 찾아오는 감정과 생각을 뿌리 끝까지 이해하는 것, 그리고 그 뒤에 행동으로 감정을 해소하는 과정이 중요합니다. 비교하는 습관을 잘 다루기만 한다면 꼭 고치지 않아도 됩니다.

만만하게 시작해야 꾸준할 수 있다!

□ 다이어리를 제대로 쓰다 보면 자연스레 내가 어떤 사람인지 보이고
단점은 보완, 장점은 극대화할 방법을 생각해내게 된다. 그걸 행동으
로 옮기면 삶이 이전과 같을 수 없다. 내가 누구인지 써있는 다이어
리를 눈으로 직접 보고 생각하라. 그리고 행동하라.

□ 무언가 시작하려면 가장 만만하고 하찮은 목표를 세워야 한다. 지금
은 인기 클래스가 되어 플랫폼 외에 외부 강연까지 나가고 있는 그 강
연의 처음 목표는 '수강생 0명'이었다. 즉, 일단 클래스를 개설하는
게 내 목표였던 것이다.

□ 하기 싫은 일을 할 때는 좋아하는 일을 손톱만큼 붙여보자. 예를 들
어 다이어리 쓰기를 좋아한다면 업무에 집중이 되지 않을 때 다이어
리를 먼저 꺼내 생각을 정리한 후 다시 일에 집중해보는 것이다.

☐ 자신의 모습이 마음에 들지 않을 때는 누군가 나에게 해준 따뜻한 말 한마디를 다이어리에 수집해보자. 더 깊은 농도로 나의 좋은 점을 기억할 수 있게 된다.

☐ 불안과 원망이 찾아올 때는 '내가 왜 이 선택을 했는지, 왜 이런 노력을 하고 있는지, 왜 화를 내고 있는지.' 등 '왜'라는 질문을 적고 답을 적어보자. 이 작은 습관이 나를 단련시킬 것이다.

☐ 다이어리를 읽어보자. 꾸준히 쓴 다이어리에는 내가 지나온 발자취가 고스란히 남아있다. 때문에 대부분의 경우 내 감정이나 행동의 원인을 알 수 있는 근거를 찾을 수 있다.

Part 03

○

□

소원을 이루는
다이어리
작성법

1년을 결정하는
다이어리 첫 페이지

다이어리의 맨 앞장을 펼치면 보통 회사 이름이나 올해를 가리키는 네 자리 숫자가 큼지막하게 적힌 페이지가 보입니다. 그 페이지를 유심히 들여다본 적이 있나요? 누군가에겐 무의미한 페이지일지 모르지만, 저에게는 이 페이지를 보는 일이 가장 설레는 동시에 어렵습니다. 이 글을 읽고 나면 한 번도 의미를 가진 적 없었던 이 페이지가 아마도 당신의 내비게이션이 될 거예요.

다이어리의 첫 장을 펼치기 전에 한 가지 질문을 하겠습니다.

"당신은 12월 31일까지 어떤 사람이 되고 싶나요?"

Part 01에서 제가 강의 때 중요하게 생각한다고 소개한 그 질문입니다. 다이어리 쓰는 법을 배우려는 것뿐인데 어떤 사람이 되고 싶냐고 묻다니, 어쩌면 뜬금없는 소리라고 생각할 수 있습니다.

그렇다면 막연한 이 문장을 좀 더 자세히 풀어보겠습니다. 보통 한 해의 목표를 생각하면 '올해만큼은 운동을 열심히 해서 탄탄한 근육을 만들어야겠다'는 다짐을 떠올리기도 하고, '원하는 업계, 회사로의 이직', '만족스러운 연봉 협상' 등을 떠올립니다. 저 역시 새해 목표를 세울 때 가장 먼저 그런 가시적인 계획들을 떠올렸어요. 그렇지만 우리는 한 단계 더 나아갈 거예요. 그 목표를 통해, 결국 어떤 사람이 되고자 하나요? 지금부터 이 질문에 대한 답을 찾아갑시다.

가시적인 목표를 생각하지 말라는 뜻은 아닙니다. 제일 먼저 내가 근본적으로 어떤 사람으로 성숙하고 싶은지 방향성을 정하고, 그 후에 세부적인 계획을 작성할 겁니다. 그러니 걱정하지 마세요!

질문을 다시 떠올려보세요. 여러분은 어떤 사람이 되고 싶나요? 예컨대 대부분의 직장인이 자주 언급하는 것으로는 '자기 계발', '목표 달성', '자신과의 약속 지키기', '성실하게 살기'가 있습니다. 언뜻 이 키워드를 살펴보면 '나도 그런 사람이 되고 싶은데?' 하는 생각이 들지도 모르겠습니다. 그런데 이 반짝이는 키워드들은 사실 앞서 언급했던 가시적인 목표들과 크게 다르지 않습니다. '정말 성실한 사람이 되고 싶은 게 내 진심인데, 어째서 다르지 않다는 거지?!'

질문이 점점 더 모호하고 답답하게 느껴지나요? 물론 이 질문이 가장 어려운 질문이라고 여겨질 수 있습니다. 어쩌면 살면서 한 번도 끝까지 고민해본 적 없는 질문일지도 모릅니다.

이제 이 질문에 대한 답을 찾아갈 텐데, 이때 한 가지만 유의하세요. '근본적인 목표인 척하는, 가짜 목표에 속는 것!'

그리고 모든 사람이 각자 다른, 자신만의 특별한 키워드를 가지고 있다는 점을 인정하는 태도가 중요합니다. 놀라운 점은 누군가에게 잘 보여야 할 필요도 없는 이 페이지를 작성할 때 많은 사람이 비장한 얼굴로 목에 힘이 들어간 채 멋들어진 단어를 늘어놓으려고 욕심을 낸다는 점입니다.

목표 달성을 하고 자신과의 약속을 잘 지켰을 때, 그 결과에 대해 어떻게 예상하고 있나요? 마음먹은 대로 모든 일이 술술 풀려 돈을 많이 버는 것인가요? 이는 램프의 요정에게 소원을 빌듯 내던지는 것과 같아요. 중요한 것은 목표를 이루는 그 자체가 아니라 내가 그 계획을 통해 근본적으로 어떤 사람이 되고 싶은지를 고민해야 합니다.

지금부터 조금 더 구체적인 질문을 하겠습니다.

- 왜 목표를 다 이루고 싶은가요?
- 목표를 다 이룬다면, 스스로를 어떻다고 느끼게 될까요?
- 목표는 내게 어떤 의미인가요?

자신의 마음에 더 가까이 와닿는 답을 내놓기 위해서는 위와 같은 질문들을 해봐야 합니다. Chapter 02에서는 많은 직장인이 떠올리는 키워드로 예시를 들어 설명하겠습니다.

여러분, 자신의 운명을 결정하는 첫 페이지의 글이 유효하려면 먼저 자신의 생각을 직접 써봐야 한다는 사실을 잊지 마세요! 지금 당장 30분간 위 질문에 답을 해보세요. 머릿속으로 떠올려보기만 해도 좋아요. 하지만 펜을 들고 떠오르는 생각의 꼬리에 꼬리를 무는 과정을 낙서처럼 써본다면 훨씬 더 빠르게 원하는 답을 찾을 수 있습니다.

Chapter 02

나만의 키워드
찾기

늘 성장에 목말라 있는, 월급으로부터 독립하고 싶어 하는 직장인 A씨의 목표 설정 과정을 소개하겠습니다.

"올해는 성장하고 싶어요. 언젠가 월급으로부터 독립하고 싶은데, 그러려면 지금 성장하는 게 필요해요."

저는 그에게 이렇게 물었습니다.

"어떤 상태가 되면 A씨는 스스로 성장했다고 느낄까요?"

한참 뜸을 들인 A씨가 입을 열었습니다.

"저는 사실 사회생활을 하는 데 에너지 소비를 너무 많이 하기 때문에 퇴근 후에는 주도적으로 시간을 쓰지 못해요. 그래서 퇴근하면 그냥 누워서 시간을 흘려보내요. 그런데 돌아보면 그 흘려보낸 시간이 너무 아까운 거예요. 시간을 더 현명하게 쓰고 싶은데 퇴근하면 그 마음을 잊어버리고, 그렇게 악순환이 반복되다 보니 제 스스로가 좀 한심하더라고요. 왜 그렇게 힘들었을까 생각해보니, 저는 사회생활에서 받은 스트레스를 회복하는데 남들보다 좀 더 많은 시간이 필요한 사람인 것 같아요. 근데이게 해결 가능한 문제인가요. 대체 어디서부터 손을 봐야 할지잘 모르겠어요."

우선 이렇게 용기 내서 말을 한 것만으로도 이미 반은 왔다고 생각합니다. 그럼 나머지 반은 같이 찾아가 보기로 합니다.

"A씨가 가장 원하는 것이 정말 성장이 맞나요?"

"사실 잘 모르겠어요. 성장이 당연히 필요하고 좋은 거라고 믿어왔는데, 제가 정말 그걸 원하는가에 대한 질문은 해본 적이 없었거든요. 다른 사람들도 늘 성장하려고 하잖아요. 그러니 당연한 거라고 생각해왔죠. 그런데 정말 원하는 거냐는 질문을 받고서 곰곰이 생각해보니까 그보다 더 필요한 게 따로 있는 것 같아요. 저는 지친 몸과 마음을 회복하는 방법을 제대로 모르고 있는 것 같습니다. 마치 다리 다친 사람에게 그냥 누워있으면 나아진다며 방치해두고, 동시에 얼른 일어나서 발전적인 삶을 살아가라고 채찍질했다는 생각도 들어요. 질문을 계속하다 보니 어디가 어떻게 아픈 건지, 어떻게 회복해야 하는지 그 방법을 전혀

나만의 키워드를 찾아가는 과정

몰랐네요. 자신에 대해 너무 몰랐던 게 모든 문제의 중심이었다는 생각이 듭니다. 결심했어요! 저는 12월 31일까지 나만의 회복 방법을 찾아서 처방을 내릴 수 있는 사람이 되고 싶어요."

A씨는 목표 설정 과정에서 생각했던 '성장하는'이라는 키워드를 과감히 지우고 '내가 회복하기 위해 필요한 게 뭔지 스스로에게 자꾸 질문할 줄 아는'이라는 글자를 눌러 적었습니다. 자신만의 키워드를 적어보면 '뭔가 확실하지 않은 느낌이야, 정말 내가 원하는 게 아닌 것 같아.' 혹은 '이제야 마음이 편안해진다. 앞으로 다가올 시간들이 기대돼.' 같은 마음이 들 거예요.

만약 후자의 생각이 든다면, 그때 다음 단계로 넘어가면 됩니다.

소원을 이루는 다이어리 작성법

Chapter 03

목적지로 가는
행동 계획 짜기

목표를 정했다면 이제 목적지로 가는 행동 계획(Action Plan)을 만들어야 합니다. 그래서 제가 만든 다이어리 첫 페이지에는 행동 계획을 쓰는 칸을 넣었어요.

여기에는 어떤 행동을 언제, 어떻게, 어떤 빈도로 할 것인지 가능한 한 상세하게 써야 합니다. 앞서 작성한 목표가 다소 추상적으로 느껴질 수 있으므로 목표 5가지가 현재 내게 어떤 의미를 갖는지 규정해두는 겁니다.

앞으로 이어질 행동 계획 예시를 읽기 전에 여러분의 목표를 위한 행동 계획 5가지를 먼저 작성해보기를 추천합니다. 다른 사람의 행동 계획보다 더 멋진 생각을 할 수도 있지만 반대로 그 안에 갇혀 새로운 생각을 하기 힘들 수도 있거든요.

행동 계획을 쓰는 다이어리의 첫 페이지

행동 계획 예시는 다음과 같습니다.

1. 한 달에 한 번, 취미 원데이 클래스로 내 취향 알아가기

2. 매일 잠들기 전 다이어리를 쓰며 감정의 변화를 알아차리기

3. 방치했던 블로그를 살리기 위해 주 3회 포스팅 올리기

4. 한 달에 한 번은 좋아하는 곳에 가서 책 읽는 시간 갖기

5. 주 3회 퇴근하자마자 바로 헬스장으로 가기

5가지 행동 계획을 작성할 때 '5가지나 써야 한다고? 뭘 쓰지? 너무 많아.'라고 생각하는 사람이 있고, '더 쓰고 싶은데, 꼭

5개만 써야 한다면 2개 같은 1개를 써야지.'라고 생각하는 사람이 있습니다.

전자의 경우에는 충분한 시간이 필요합니다. 시간을 충분히 두고도 5가지가 떠오르지 않는다면 어떤 사람이 되고자 하는지에 대한 답이 진짜 내 마음과 달라서일 수 있습니다. 그러니 질문 "12월 31일까지 어떤 사람이 되고 싶은가?"로 돌아가 다시 한 번 물어보세요.

후자의 경우에는 그간 목표에서 멀어졌던 이유를 바로 알 수 있습니다. 목표가 많아질수록 집중력이 낮아지고 목표를 떠올리는 것만으로도 지치는 날이 생길 수 있거든요. 그러니 10개, 20개를 쓰고 싶더라도 우선순위를 생각해 5가지만 골라보세요.

이와 관련해 한 가지 일화를 말씀드릴게요. 워런 버핏과 그의 전용기 조종사 플린트에 대한 이야기입니다.

워런 버핏과 그의 전용기 조종사 플린트는 종종 함께 점심을 먹었는데, 어느 날 두 사람은 플린트의 목표에 대해 대화를 나누었어요. 버핏은 플린트에게 우선 자신에게 중요하다고 생각되는 목표 25개를 적어보라고 했어요. 고민 끝에 25개 목표를 다 적자 버핏은 그중에서 5가지 목표에 동그라미를 쳐보라고 합니다. 그러자 가장 중요한 5가지 목표와 덜 중요한 20가지 목표가 한눈에 보였어요. 플린트는 당연히 당장 해야 할 일이 무엇인지 알았다고 말하며 가장 중요한 5가지 목표에만 집중하겠다고 합니다. 그러자 버핏이 이렇게 말해요.

"동그라미를 치지 않은 나머지 목표들은 어떻게 할 생각인가?"

플린트는 크게 고민하지 않고 5가지 목표에 집중하되 나머지 20가지 목표도 틈틈이 노력해서 이룰 생각이라고 답했죠. 그러자 버핏은 이렇게 말했다고 해요.

"아니야. 동그라미를 친 5가지 말고는 어떻게든 버려야 하는 목표들이야. 네가 중요하다고 생각하는 5가지 목표를 모두 이루기 전까지는 나머지 목표들에 대해서는 어떤 관심이나 노력도 들이면 안 돼. 진정한 성공을 이루려면 가장 중요한 5가지 목표만 남기고 집중에 방해되는 나머지는 과감히 버려야 해."

어떤가요? 이제 5가지 목표를 써야 하는 이유에 대해 납득이 됐나요?

Chapter 04

목표에서 자꾸만 멀어지는
2가지 유형

강의를 하다 보면 많은 사람을 만나게 되는데, 함께 목표를 세우고 행동 계획을 설정하면서, 목표에서 멀어지는 2가지 유형을 발견했어요.

첫 번째는 목표를 너무 많이 세우는 유형입니다.

욕심이 많다는 것은 그만큼 삶에 대한 애정이 크다는 뜻이므로 긍정적인 신호예요. 하지만 너무 많은 목표를 세우는 일은 철저히 피해야 합니다. 우리가 5가지 이상의 목표를 이룰 수 있는 잠재력 있는 사람이라 하더라도, 먼저 5가지를 이루고 그다음 목표들을 생각해보면 되니 무리할 필요 없어요. 목표를 과하게 세운 사람들 대부분은 목표를 생각하는 것만으로도 에너지가 고갈됩니다. 자신이 작성한 목표를 이루어야 한다는 책임감 때문에 마음이 무거운 것이죠.

아래 계획을 한번 살펴볼까요?

1. 건강한 삶을 위해 헬스장 주 5회, 정신 건강을 위해 명상과 금주 하기

2. 한 달에 책 2권 읽고 독서 모임 참석, 블로그에 독서 기록 꾸준히 하기

3. 대학원 입학을 위해 자격증 A 취득하고 교수님과 면담, 가능하면 자격증 B도 공부하기

4. 유튜브 시작해서 구독자 1,000명 만들기

5. 부동산 공부 시작하고, 실제 도전해보기

위 5가지 행동 계획이 정말 5가지일까요? 한 문장에 담았다고 한 가지 목표가 아닙니다. 한 가지 안에 2~3가지 목표를 욱여넣은 셈이지요. 그러다 보니 여러 가지를 쓰기는 했는데 각 목표의 구체성은 떨어집니다. 다 합하면 10가지 구체적이지 못한 목표를 나열한 것이 됩니다. 한 문장 안에는 정말 딱 한 가지 계획만 담아보세요. 그러면 에너지 낭비를 막고 집중력을 높일 수 있습니다.

두 번째는 목표를 제대로 세워본 적이 없는 유형입니다.

예를 들어 아래와 같은 목표를 작성했다고 해볼게요.

1. 다이어트
2. 재테크 공부
3. 자존감 키우기
4. 새로운 취미 모임 나가기
5. 이직 성공

위의 예시에는 구체적인 계획이 빠져있습니다. 목표는 어떤 행동을 어떻게, 어떤 빈도로 할 것인지 드러나도록 써야 합니다. 그렇다면 '다이어트를 위해 일주일에 최소 3번 운동하기' 혹은 '일주일에 2번 이상 운동 하기'는 어떨까요?

목표를 설정할 때 반드시 피해야 할 두 단어가 있는데, 바로 '최소'와 '이상'입니다. 최소, 이상에 우리는 아주 익숙합니다. 저 역시 이 단어들과 오랜 시간 친숙했기 때문에 어떤 마음으로 이 단어를 넣는지 잘 알고 있습니다. '지금 당장 몇 번이라고 결정하기는 어려운데, 솔직히 마음은 주 5일 하고 싶지만 못할 수도 있으니까 최소 3번(3번 이상)이라고 써야겠다. 나의 의지를 담겠어!' 하는 마음이지요.

그런데 최소, 이상이라는 단어는 자신이 얼마만큼 잘했는지 그 정도를 인지하기 어렵도록 방해합니다. '일주일에 최소 3번 운동하기'라고 적고 4번 운동을 하면 그저 목표를 달성한 사람이 됩니다. 3번을 해도 달성, 4번을 해도 달성, 5번을 해도 달성이죠. 그렇지만 최소라는 단어를 빼고 '일주일에 3번 운동하기'라고 적고 4번 운동한다면 목표치보다 더 잘 해낸 사람, 5번 운동을 한다면 아주 대단한 사람이 됩니다. 말장난처럼 느껴질 수도 있지만, 우리는 일상에서 자신이 얼마나 부족한지 냉정하게 인식할 기회가 많은 데 반해, 얼마나 잘했는지 확인하고 칭찬할 기회는 적습니다.

우리가 흔히 하는 착각 중 하나가 있습니다. 그것은 바로 뭔가 대단한 것을 이뤄야만 성취감을 느끼고 자존감을 형성할 수 있다는 것입니다. 그러나 아주 작은 성공을 이루었을 때도 우리의 뇌는 성취감을 느낍니다. 작은 성취를 반복하다 보면 모르는 사이 자존감이 높아집니다. 지금부터 먼지와 같은 성공을 쌓아가 봅시다.

Chapter 05

맞춤형 목표를
설정하는 방법

'주 3회 운동하기'라는 목표를 적은 분께 제가 가장 먼저 하는 질문은 '지금 하고 있는 운동이 있나요?'입니다. 어떤 분들은 멋쩍게 웃으며 "아뇨. 사실 운동 체질이 아니라 뭘 해야 할지 모르겠는데, 필라테스를 한번 해볼까 싶어요."라고 답합니다. 이런 분들이 제일 먼저 해야 할 일은 꾸준히 하고 싶을 만큼 정이 가고, 마음에 맞는 운동을 이것저것 직접 경험해보며 결정하는 일입니다.

따라서 아직 어떤 운동을 할지 정하지 못한 상태에서 목표를 설정할 때는 '주 3회 운동하기'라는 목표를 '꾸준히 하고 싶어지는 운동 찾기(매달 새로운 운동 맛보기)'로 바꿔야 합니다. 지금까지 수년간 운동에 대한 목표가 좌절되어 왔다면 먼저 꾸준히 하고 싶을 만큼 좋아하는 운동을 찾지 못해서일 가능성이 큽니다.

저도 좋아하는 운동을 찾기 위해 테니스, 수영, 탁구, 헬스, 재즈댄스, 클라이밍, 주짓수, 스쿼시, 요가, 발레, 줌바댄스까지 수많은 운동에 도전했습니다. 하지만 어제 하고도 오늘 또 가고 싶어질 만큼 애정이 가는 운동이 없었습니다. 그러던 어느 날 스피닝을 한 후 '내일 또 하고 싶다'고 생각하는 자신을 발견했습니다. 잘 맞는 운동을 찾아 즐기며 하게 되니, 더 이상 운동을 하러 가기 위해 의식적으로 에너지를 쓸 필요가 없어졌습니다. 스피닝을 시작하고 3개월쯤 지나자 '주 3회 운동하기'라는 키워드가 목표가 아닌 일상이 되었습니다.

목표를 세울 때 중요한 건 어떤 행동을 꾸준히 하려고 노력하는 그 자체가 아니라 내가 해야만 하는 일을 어떻게 하면 좋아할 수 있는지 그 방법에 대해 고민하는 시간을 갖는 것입니다. 그 고민에 대한 답이 바로 자연스럽게 행동으로 연결되는 동기가 됩니다.

사람들은 목표를 설정할 때 지금 내 눈앞에 놓인 돌보다 보이지도 않는 길의 끝에 있는 돌을 밟을 생각을 먼저 합니다. 그러다 보니 막막하고, 생각만으로도 두려움이 몰려오고, 꾸준히 하는 게 어려워지죠.

저는 다이어리 클래스 오픈을 고민할 때 '수강생 0명'을 목표로 했다고 앞서 말했습니다. 오픈하기만 해도 성공인 거고, 일단 오픈을 하면 다음 단계가 보일 거라고 확신했죠. 클래스 오픈을 위해 준비한 시간이 좋은 성과로 돌아오지 않을까 봐 지레 겁을 먹고 '그럴 바에는 안 하는 게 낫지 않을까.' 하는 생각을 하지 않았던 게 아닙니다. 다만 클래스 오픈이라는 목표 먼저 성취해 보기로 한 것이죠.

2023년 초, 정부 지원 사업에 지원하기로 마음먹었을 때도 마찬가지였어요. 15장 분량의 사업계획서를 쓰고 발표해야 한다는 생각에 막막했습니다. 그러나 곧 내가 할 수 있는 가장 쉬운 것을 목표로 하자고 마음을 먹었습니다. '나는 사업계획서를 완성하고 제출만 하더라도 성공인 거야!'라고 외치며 그렇게 하루에 작성할 문서의 양을 나눠 작아진 목표에 집중하여 달성하다 보니 지원한 3개의 큼지막한 지원 사업에 모두 서류 합격을 했습니다. 사업계획서 발표는 처음이라 떨리고 막막했지만, 그 순간 저는 발표를 잘하기 위해 필요한 많은 것들을 한꺼번에 떠올리지 않았습니다. 계획을 쪼개고 쪼개 그날 소화할 양에만 집중했지요. 그랬더니 어느새 발표가 끝났고 제 손에는 5,000만 원 규모의 협약서와 2가지 지원 사업의 최종 합격증이 들려있었습니다.

계획을 잘게 나누고 그것에만 집중하는 것은 쉽지 않습니다. 습관적으로 고개를 들고 저 멀리 있는 돌을 바라보고 싶어지거든요. 그렇지만 저는 다이어리를 쓰면서 억지로 눈앞에 있는 가까운 돌로 시야를 돌립니다. 매일매일 목표로 한 밑그림을 계획한 만큼 그려나가는 그 자체에 집중했습니다.

원고를 쓸 때도 마찬가지였습니다. 책을 쓴다는 거창한 생각보다 '그래, 오늘은 Chapter 01에 무슨 내용을 쓸지 고민만 해도 성공인 거야.' 하면서 매일 작은 성공을 자신에게 선물하며 이 책을 완성했습니다.

사람들은 생각을 정리해 글로 쓴다고 여기지만, 실상은 그 반대입니다. 매 순간 다른 곳으로 눈을 돌리고 싶고, 도전 앞에서 두렵기도 할 것입니다. 그때 다이어리에 글을 써보세요. 눈앞에 놓인 돌 하나를 명확히 바라보게 되고, 두려운 마음에서 멀어지게끔 도울 것입니다. 처음엔 두려움을 쏟아내겠지만 점점 계획을 적고, 그러다 보면 자연스레 시선은 지금 당장 집중할 일로 향합니다.

내 마음이 내 맘 같지 않고, 맘처럼 무엇도 할 수 없는 날, 그런 날에도 다이어리는 내가 가야 할 길로 인도합니다. 삶에서 철저히 혼자가 되는 순간, 무거운 책임감이 느껴지는 순간, 두려움에 떠는 순간마다 혼자가 아니라는 감각을 깨우는 것은 손에 들려있는 펜과 다이어리입니다.

Chapter 06

5가지 행동 계획이 만들어 주는,
내가 원하는 나

'어떤 사람'이 되고 싶은지, 그런 사람이 되기 위해서 해야 할 구체적인 행동 계획 5가지를 작성했다면, 내비게이션에 목적지를 정확하게 찍은 것과 같습니다.

다이어리라는 삶의 GPS를 들고 떠나는 여행, 이제 출발합니다!

매년 새해에 쓴 다짐과 목표를 얼마나 떠올리셨나요? 부끄러운 이야기지만, 다이어리를 쓴 지 얼마 안 됐을 때만 하더라도 처음 일주일 정도는 바짝 떠올리다가 연말로 갈수록 아주 가끔 재채기하듯 떠올렸던 것 같습니다. 그런데 정말 좋은 목표라면 퇴근길 지하철에서도, 따뜻한 햇살을 받으며 걷는 중에도, 가족과 함께 맛있는 식사를 할 때라도 떠올라야 하지 않을까요? 반대로 자주 떠오르지도 않는 목표라면 자꾸만 멀어지는 것이 당연한 일이지요.

매년 목표를 정할 때 가시적인 사건이 아니라 '어떤 사람이 되겠다'는 것으로 하면, 아주 사소한 순간에 '어떤 사람'이라는 키워드가 떠오릅니다. 그리고 일상에서 마주치는 선택의 순간에서 그 키워드는 기준점이 되어줍니다. 저 역시 가시적인 목표를 떠올릴 때면 대부분 머리가 아팠습니다. 당장 목표를 위해서 달려가느라 다른 가치를 알아차리기 어려웠기 때문이죠. 목표를 위해 어떤 일을 하고 노력하는 것이 중요했으니까요.

예컨대 제가 10킬로그램 감량을 그해의 목표로 했다고 하겠습니다. 만약 제가 9킬로그램을 감량했다면 분명히 잘한 일임에도 남은 1킬로그램으로 인해 '내가 잘 산 게 맞나?' 하는 의심을 품게 됩니다. 이런 현상이 이상하다고 생각했어요. 정말 매 순간 고민하며 열심히 살았는데 마치 나를 향한 평가 기준이 딱 하나만 있는 기분이 들었죠. 그때 '면접을 보더라도 평가 기준이 여러 개인데, 나는 왜 나 자신의 가치를 더 많이 알아차릴 수 있는 평가 기준을 만들지 않았을까.' 하는 생각이 들었습니다. 그래서 근본적인 '목적'을 목표로 삼기 시작했습니다.

한번은 '너그러운 사람'이라는 키워드를 정했습니다. 저는 대부분의 사람에게 친절하고 다정한 편인데, 부모님께서 같은 질문을 여러 번 반복하셨을 때 자주 버럭 하고 짜증을 내곤 했거든요. 그런 제 모습이 싫었습니다. 그래서 가장 가까운 사람에게 먼저 너그러워지고, 나의 부족한 모습도 너그럽게 받아들이는 사람이 되고 싶었습니다. 그해 저는 다른 목표는 다 못 이루더라도 '너그러운 사람 되기' 하나만큼은 지키자는 약속을 했습니다. 그러자 신기하게도 만원 지하철에서, 내가 실패를 겪은 순간에, 계획대로 일이 풀리지 않았을 때, 오래 기다렸다 들어간 맛집의 불친절한 서비스에 화가 났을 때도 '맞아, 나 너그럽기로 했지! 숨을 크게 한 번 쉬자!' 하며 한 번 더 인내할 수 있었습니다. 그렇게 한 해가 지났을 때, 저는 스스로 느끼기에 그전 해보다 더 너그러운 사람이 되었습니다. 그리고 조금 더 좋은 사람이 되어간다는 감각은 어떤 도전을 할 때도, 누군가와 관계를 맺을 때도 든든한 배경이 되어주었습니다. 그것을 우리는 바로 '자존감'이라고 부릅니다.

자존감에 대해 언급하면서 혹자는 '평가하지 않고 있는 그대로를 받아들인다.'라는 아름다운 말을 하지만 저는 있는 그대로 받아들일 수 있으려면 먼저 다양한 각도로 스스로의 가치를 알아차리고 평가해봐야 한다고 생각합니다. '어떤 사람'이라는 키워드는 스스로를 압박하거나 꾸짖지 않습니다. 가시적인 목표

역시 따라오는 계획 중 하나일 뿐, 내가 목표로 한 그 어떤 사람이 되려면 여러 가지 길이 있다는 걸 인식할 수 있습니다.

앞서 작성한 5가지 행동 계획이 빛을 발하는 순간은 12월 31일입니다. 지금은 내가 작성한 '_____한 사람'이라는 키워드가 어떤 의미인지 명확하겠지만, 12월 31일이 되었을 때 '내가 정말 그런 사람이 된 걸까.' 생각해보면 답을 내리기 어려울 것입니다. 예를 들어 '너그러운 사람'이라는 키워드라면, '내가 지금 너그러운 사람인 걸까?' 스스로에게 물었을 때 '그런 것 같기도 한데, 여전히 아닌 것 같기도 하다.' 하며 아리송하게 느껴지겠죠. 글을 작성할 때와 12월 31일의 너그러움에 대한 기준이 다르기 때문이죠. 그래서 현재 기준으로 키워드의 달성 정도를 평가할 수 있는 5가지 항목을 행동 계획으로 작성해두는 것입니다. 만약 5가지 계획 중 4가지를 달성했다면, 하나의 항목을 20%로 두고 나는 작년보다 80% 더 너그러운 사람이 되었다고 평가해도 좋습니다. 정확한 수치가 아니더라도 눈에 보이지 않는 우리 내면의 성장 정도를 확인할 수 있다는 건 또다시 내가 얼마나 괜찮은 사람이고 잘 살고 있는지를 확인할 수 있게 도와줄 거예요.

133쪽에서 예를 들어둔 행동 계획을 참고해서 자신에 대해 고민하는 시간을 가져보세요.

나를 위한
맞춤형 명언집

책을 읽다가 유난히 마음을 울리는 문장을 만났을 때, SNS를 하다가 무심코 읽은 문장에 고개를 끄덕이며 공감할 때, 저장을 누르거나 사진으로 남겨본 적 있지 않나요?

그렇게 저장한 문장들을 얼마나 자주 다시 봤는지, 저장한 보람이 있었는지 떠올려보세요. 제 휴대폰에도 책을 보다가 찍어둔 사진이 많습니다. 하루는 날을 잡고 찍어둔 문장들을 다시 한번 읽어봤어요. 그런데 '이건 언제 찍었더라? 무슨 책이었지?' 하는 글도 있고 심지어 왜 저장했는지 이해가 가지 않는 것도 있었습니다. 반대로 '맞아, 다시 봐도 정말 좋네. 이런 삶을 살겠다고 다짐했는데 또 잊고 있었네.' 싶은 문장도 있었습니다.

다이어리를 펼쳐보면 표지에 붙어있는 도톰한 종이가 있습니다. 저는 그 페이지를 나만의 맞춤형 명언집으로 쓰기 시작했습니다. 이 페이지를 이용했을 때의 좋은 점은 2가지가 있습니다.

첫째, 나의 한 해가 한눈에 보이는 요약 페이지가 됩니다.

나에게 가장 와닿는 말, 공감되는 말이라는 것은 그때 자신의 가치관에 가장 가까이 맞닿아있다는 것을 의미합니다. 서른에 다이어리를 작성한다면, 이 페이지만 보더라도 서른의 나는 어떤 사람이었는지, 어떤 것을 중요하게 여겼는지 요약됩니다.

둘째, 수시로 목표를 상기시킵니다.

나만의 명언집을 다이어리 30페이지쯤에 써두었다고 가정해보겠습니다. 퇴근 후 피곤한 몸을 이끌고 집에 돌아와서 과연 30페이지를 펴고 명언을 읽게 될까요? 휴대폰 터치 몇 번으로도 다시 볼 수 있는 저장 목록도 보지 않는데 말입니다. 저 역시 당연하게도 손이 가지 않았습니다. 그런데 표지 바로 뒤에 있는 페이지는 일주일에 한 번, 한 달에 한 번, 분기에 한 번이라도 다이어리를 쓰려고 펼치다가 무심결에 읽어보게 됩니다. 그때마다 '맞아, 이런 말을 썼었는데 내가 또 잊고 있었네. 내일은 이렇게 살아봐야겠다.' 다짐을 하게 됩니다.

누군가는 시 한 편을 옮겨 적고, 누군가는 비속어가 들어간 다소 과격한 표현을 쓰기도 합니다. 정답은 없어요. 자신에게 영향을 미치는 말이라면 그 어떤 말이라도 좋습니다. 저 역시 어떤 날엔 CF 카피를 적어보기도 하고, 길을 가다가 마주친 짤막한 문장을 적거나 자주 떠올리고 싶은 지인의 말을 인용해 적기도 합니다. 지금 제 다이어리에 적힌 여러 문장 중 아래 문장이 눈에 들어오네요.

"심각하게 받아들여야 할 것들이 무엇인지만 배우고, 나머지는 그냥 웃어넘겨라."   – 헤르만 헤세

"마음속의 풀리지 않는 모든 문제들에 대해 인내를 가져라. 문제 그 자체를 사랑하라. 지금 당장 해답을 얻으려 하지 말라. 그건 지금 당장 주어질 수 없으니까. 중요한 건 모든 것을 살아보는 일이다. 지금 그 문제들을 살라. 그러면 언젠가 먼 미래에 자신도 알지 못하는 사이에 삶이 너에게 해답을 가져다줄 테니까."
                                                              –릴케

Chapter 08

한 달이 한눈에,
먼슬리

다음 달이 기대되나요?

일찍이 항공권을 예매해두고 여행을 기다리는 것처럼, 좋아하는 뮤지컬 공연을 기다리는 것처럼 다음 달이, 아니 내일이 기대되나요?

다가오는 시간을 떠올리면 기대보다 해야 할 일들이 먼저 떠오르기 마련입니다. 그런데 이제부터는 이 먼슬리 페이지로 다가오는 나의 시간을 기대하게 될 거예요. 제가 직접 다이어리를 만들기로 결심하게 한 가장 중요한 두 페이지가 있는데요. 그중 한 페이지가 바로 이 먼슬리입니다. (부록 2. 먼슬리 부분 참조)

왼쪽 상단에는 이 달에 해야 할 일 3~4가지를, 오른쪽 상단에는 하고 싶은 일 3~4가지를 적습니다.

매달 해야 할 일과 하고 싶은 일을 기록하는 칸

적다 보면 '3~4가지를 꼭 다 채워야 하나.' 하는 마음이 들 수도, '해야 할 일은 적을 수 있는데, 정말 하고 싶은 일은 못 적겠다!' 할 수도 있습니다. 강의를 진행하면서 가장 많이 만나는 분들은 직장인인데, 대다수가 하고 싶은 일을 작성하는 것을 어려워합니다. 해야 할 일과 하고 싶은 일이 겹친다고 느껴지는 분도 계실 거예요.

먼저 해야 할 일 3~4가지와 하고 싶은 일 3~4가지는 무조건 이달 안에 끝내야 하는 일입니다. 만약 지금 갑자기 스페인 여행이 가고 싶다 하더라도 다음 달에 상황이 여의치 않는다면, 그것 외에 사소한 일들도 한번 떠올려보세요.

"하고 싶은 일이 정말 없는 것 같아요."라고 말할지도 모르겠지만 사실 하고 싶은 일이 없는 것이 아닙니다. 그저 떠올려본 경험이 적어 낯설게 느껴지거나 시간이 필요할 뿐입니다. 근력운동을 처음 시작하면 어깨 운동을 할 때 정확히 어디가 아픈지는 몰라도 어깨 어딘가가 아프고 불편하다는 느낌을 받기는 합니다. 그러다가 점점 운동을 진행하면서 앞 어깨, 후면 어깨에 자극을 받는다는 감각이 더 정확하게 깨어납니다. 마찬가지로 어릴 때부터 해야 할 일들은 충실하게 해야 한다는 이야기를 귀에 못이 박히도록 들으면, 우리도 모르는 사이 그에 대한 감각이 길러집니다. 그렇지만 좋아하는 것, 하고 싶은 것은 항상 미뤄두는 것에 익숙합니다. 구체적으로 하고 싶은 일을 떠올리고 매달 3~4가지씩 작성해보세요.

□ 하고 싶은 일을 쓰고 이루는 것이 중요한 이유

해야 할 일을 작성한다는 것은 익숙하게 느껴지지만, 다이어리에 체크 리스트를 만들어 하고 싶은 일을 적는다는 것은 어쩐지

어색합니다. 그런데 하고 싶은 일을 작성하고 행동으로 옮기는 것은 매우 중요합니다. 왜냐하면 해야 할 일을 해내는 에너지는 하고 싶은 일을 하면서 얻은 에너지에서 오기 때문입니다.

회사원 K는 이달의 하고 싶은 일 목록에 이렇게 적어두었습니다.

☐ 고양이 카페 가기
☐ 좋아하는 카페에 가서 재즈 음악 들으면서 소설책 읽기
☐ 금요일 퇴근 후 맥주 한 잔 마시면서 로맨스 영화 보기

K는 해야 할 일 목록들을 해나가며 열심히 살았습니다. 그러던 어느 날 유난히 힘든 퇴근길을 맞았습니다. 퇴근 후 자격증 취득을 위한 강의를 수강해야 하는데 도무지 힘이 안 나는 겁니다. 그때 다이어리를 펼쳐 하고 싶은 일 목록을 보게 되었고, 이런 생각을 했지요.

'그래, 이번주 금요일 퇴근하고 오랜만에 영화를 봐야겠다. 무슨 영화 보지? 오랜만에 〈노트북〉을 봐야겠다. 맥주는… 스텔라! 안주는 나쵸가 좋겠다! 생각만 해도 좋다. 그 순간을 위해 오늘은 좀 하기 싫어도 집중해서 강의를 듣자!'

우리에게 동기를 부여할 수 있는 방법은 때로 이렇게 간단합니다. 그렇기 때문에 평소 하고 싶었던 일을 생각해서 적어두는 일을 결코 가볍게 생각할 일이 아닙니다. 치킨 먹기, 강변 드라이브 등 생각만 해도 기분이 좋아지는 일, 즉 동기부여를 위한 강력한 무기들로 하고 싶은 일 목록을 채워보세요. 동기부여뿐 아니라 여유 시간을 알차게 보내는 데도 도움이 됩니다.

모처럼 여유로운 시간이 찾아왔을 때, 무엇을 하나요? 이 여유를 만끽하고 싶을 때 가장 먼저 떠오르는 것이 OTT플랫폼이나 유튜브는 아닌가요? 이 영상, 저 영상 살피다가 고른 영상 한 편으로 시간을 보냈는데 어쩐지 허무하게 느껴지는 순간도 있었을 거예요. 그런데 바로 이때 '즐거운 일' 목록을 다양하게 갖고 있다면 그런 허무한 기분이 드는 날을 줄일 수 있습니다. 반대로 이런 목록이 없다면 노는 것도 기계처럼 정해진 방법으로, 쉬는 것도 흘러가는 대로 쉬게 됩니다.

우리가 허무함을 느끼는 건 여유 시간에 했던 일이 내게 필요한 휴식의 방법이 아니고 그 순간이 내가 원하는 여가가 아니었기 때문입니다. 따라서 평소에 하고 싶은 일을 생각하고 쌓아두어야 합니다. 그러면 갑자기 여유 시간이 찾아오더라도 그 목록 중 즐거운 일을 꺼내어 실천할 수 있습니다.

제가 사는 동네에는 녹음이 우거지면 창밖 풍경이 유독 아름답게 빛나는 작은 카페가 있습니다. 부슬부슬 비가 내리는 날이면 저는 이 카페로 갑니다. 그리고 짙어진 초록을 바라보며 따뜻한 라테 한 잔과 함께 마음을 달래는 책을 읽다 그저 창밖을 하염없이 바라보거나 다이어리에 온 마음을 쏟아냅니다.

어느 날 우연히 발견한 이 행복이 제게는 하나의 '의식화된 하고 싶은 일'로 자리를 잡았습니다. 그래서 휴일에 비가 오면 어김없이 들뜬 마음으로 에코백을 메고 그 카페로 향합니다. 나만의 의식을 정하지 않았더라면 저 역시 집에서 그저 넷플릭스를 보는 게 좋은 휴식이라 생각하지 않았을까요. 물론 누군가에게는 집에서 영화를 보는 일이 가장 좋은 휴식이자 의식이 될 수도 있습니다. 휴식을 보낸 후에 헛헛함이 없다면요. 그것을 우리는 알고 있습니다.

행복의 모양과 색깔이 한 가지가 아닌 것처럼 우리는 자신이 어떤 순간에 행복한지 그 모양과 빛깔을 다양하게 발견할 필요가 있습니다. 내가 좋아하는 여유 시간을 발견하는 일을 저는 향긋한 차를 마시는 것에 비유하곤 합니다. 행복이 향긋한 티백이 담긴 한 잔의 차라고 생각해보세요. 아무리 맛있는 차라고 하더라도 매일 그 차만 우리다 보면 어느 날은 좋은 맛과 향이 다 날아가 밍밍해지고 말 거예요. 기분에 따라 하루는 시트러스 향이 나는 홍차를, 다른 하루는 깔끔한 루이보스를 가장 맛있게 우려서 제때 즐긴다면 삶이 훨씬 풍요롭고 다채롭게 느껴지겠지요?

Chapter 09

별것 아닌 내용으로
별일을 이루는 위클리

위클리 상단에는 그 주에 가장 중요한 일 또는 내 마음에 가장 크게 염두에 두고 싶은 생각을 적습니다. (부록 2. 위클리 부분 참조) 어떤 일이 있어도 그 일이 우선순위 1순위임을 잊지 않기 위해서죠. 마찬가지로 그 주를 잘 살았는지 여부는 우선순위에 적힌 목표(goal)를 달성했는지 아닌지에 달려있습니다.

제가 다이어리를 주제로 강의하고 책을 쓰고 제작도 하고 있으니, 사람들은 제 다이어리에 매일 대단하고 멋진 글이 적혀있을 거라고 생각합니다. 하지만 실상은 아주 일상적이고 찌질하고 나약한 모습이 많답니다. 작년 다이어리를 다시 읽어보다가 '정말 하기 싫었는데 참고 했다.'였으니까요. 참 우습지요. 그런

매주 목표를 기록하는 칸

데 그렇게 보잘것없는 심심한 글들이 모여 매년 대단한 성과를 만들어준다는 사실이 더 특별하지 않은가요?

위클리에 들어갈 내용은 크게 2가지입니다.

1. 매일의 to do list
2. 그날의 감정과 생각이 담긴 글

매일 쓰는 글의 양이 많을 필요는 없습니다. 다만 중요한 것은 반드시 자신의 생각과 감정을 담아야 한다는 점입니다.

사회의 구성원으로 살아가면서 우리는 어쩔 수 없이 사회적 가면을 쓰고 행복한 척, 괜찮은 척, 착한 척하는 데 익숙해져있습니다. 슬픈 감정을 느끼거나 자신에게 실망하면 왠지 나약하고 실패한 것 같다는 생각에 괜찮은 척 스스로를 속이기도 합니다. 그러나 다이어리를 쓰는 순간만큼은 가면을 쓸 필요가 없습니다. 그저 자신의 감정을 솔직하게 표현하면 됩니다.

자기 감정에 솔직한 사람은 궁극적으로 자유로운 주체가 되어 건강한 마음을 갖고 살아가게 됩니다. 인간은 행복한 척, 착한 척, 기쁜 척할 필요가 없어질 때, 나는 괜찮다고 스스로 독려할 필요 없이 자신을 있는 그대로 받아들일 때, 그동안 살면서 자기도 모르게 스스로를 억압하던 무의식에서 벗어나 자유를 얻게 됩니다.

그렇다면 위클리 빈칸에 어떻게 쓰면 좋을지 다음 2가지 글을 보며 생각해볼까요?

| 글 A | 오늘 효진이를 만나서 을지로에서 맛있는 초밥을 먹었다. 그러고는 카페에 가서 오랜만에 수다를 떨었다. 효진이와의 시간은 즐거웠지만 카페에서 마신 아인슈페너가 내 취향은 아니었다. 집으로 돌아와 영화 한 편 보고 잤다.

| 글 B | 바쁘다는 핑계로 1년 넘게 보지 못한 효진이를 오늘 만났는데, 어제 만난 것처럼 스스럼없이 많은 일상을 나눴다. 효진이 앞에서는 여전히 솔직할 수 있어 참 감사했다. 사회생활을 할수록 오랜 친구가 한결같이 곁에 있다는 것이 정말 어렵다는 걸 실감하는데, 나에게 그런 친구가 있다는 사실에 새삼 행복하다. 종일 돌아다니고 저녁이 되어서야 돌아왔지만 피곤하기는커녕 모처럼 제대로 쉬었다는 느낌이 든다.

위 두 기록 중 어느 글이 나중에 읽었을 때 '나'에 대해 잘 알수 있게 해줄까요?

글 B죠. 글 A와 B의 차이는 '생각과 감정의 유무'에 있습니다. 다이어리에 쓸거리가 없다고 느끼는 이유는 A와 같은 글을 쓰기 때문입니다. 직장인 중에 매일 완전히 다른 일상을 살아가는 사람들이 얼마나 될까요? 사업을 해도 마찬가지일 거예요. 그런데 매일 비슷한 일상이 반복되더라도 우리의 생각과 감정은 매일, 때론 시시각각 다르고 그 차이가 일상에 특별함을 가져다줍니다. 그리고 이렇게 기록을 통해 일상의 특별함을 알아차리는 감각을 쌓아나가다 보면 나중에는 다이어리를 쓰고 있지 않을 때에도 변화된 자신을 느낄 수 있을 거예요. 즉, 주변에서 일어나는 많은 일을 바라보는 시선이 달라집니다. 내가 느끼는 바를

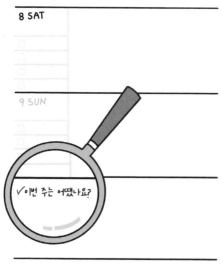

한 주를 마무리하는 칸

민감하게 포착할 수 있는 사람이 되는 것이죠.

　한 주가 끝나면 그 주가 어땠는지 쓰는 칸이 있습니다.

　한 주의 끝에 일주일에 대한 소감을 한 문장으로 정리하는 것은 선으로 펼쳐진 시간을 잘라 작은 조각으로 만들어줍니다.

　새로운 한 달이 시작된 게 엊그제 같은데 금방 월말이고, 또다시 새로운 달을 맞이합니다. 그렇게 시간은 갈수록 빠르게 흐르는 듯 느껴집니다. 나이가 들수록 시간이 빠르게 흐르는 것처럼 느낀다는 시간수축효과를 들어보셨나요? 시간수축효과에 따르면, 어렸을 때는 경험한 것이 많지 않기에 흥미로움과 새로움을 느끼는 빈도가 잦지만, 나이가 들면서 신기했던 일들이 일상적인 일이 되어 감흥이 무뎌지고 기억에서 쉽게 지워지기 때문에 시간이 빨리 흐르는 것처럼 느껴진다고 합니다. 노년까지 매 순간 새로운 경험을 하면 좋겠지만 현실적으로 가능한 일이 아니죠. 직장생활에 치여 온몸이 녹초가 되었을 때 새로운 경험을 찾기란 쉽지 않으니까요.

그렇다면 새로운 경험 대신 새로운 시선을 키우는 것이 현명하지 않을까요? 다이어리를 쓰고부터는 어떻게든 그날의 감정과 생각을 떠올리다 보니 매일 똑같은 풍경인데도 새로운 시선을 담아 의미를 부여하곤 합니다. 매년 봄에 피는 똑같은 꽃을 보면서 매번 다른 생각을 할 수 있게 된 것은, 매일 생각과 감정을 쓰는 연습을 통해 같은 걸 다르게 볼 수 있게 된 덕분입니다. 이제는 익숙한 것을 새로운 시각으로 바라보면서 새로운 경험을 하는 것과 같은 효과를 누리고 있습니다.

긍정심리학의 창시자인 마틴 셀리그만은 행복에 기여하는 5가지 행동의 첫 글자를 따서 PERMA 모델을 세웠습니다. Positive emotion(긍정적 정서) Engagement(몰입) Relationship(관계) Meaning(의미) Accomplishment(성취)가 그것인데, 이 중에서 '의미'는 삶에 의미를 부여하고 추구하는 능력을 말합니다. 우리는 글쓰기를 통해 삶에 일어나는 일에 의미를 부여할 수 있습니다.

서울대학교 심리학과 권석만 교수는 저서 《긍정심리학》에서 의미 부여를 연구하기 위해 심리학자들은 다양한 방법을 사용하고 있는데, 대표적인 방법이 바로 글을 쓰게 하는 것이라고 말합니다. 의미 부여가 심리적, 신체적 건강에 도움을 준다는 것은 이미 실험을 통해 증명되었어요. 예를 들어, 외상 사건을 당한 사람들에게 그 사건에 관해서 글을 쓰게 한 결과, 그들의 면역 기능이 개선되었고, 신체적 질병이 감소했으며 간 기능도 증진되었다는 것입니다. 뿐만 아니라 이러한 유형의 글쓰기가 학생들의 학업성적을 향상시켰을 뿐만 아니라 실직자가 직업을 구하는 데에도 도움이 되었다고 해요.

우리가 삶을 좀 더 계획적이고 전략적으로 살아가는 데 매일의 나를 기록하는 일은 필수 조건입니다.

□ '출근'이라는 해야 할 일

to do list에 '출근'이라는 두 글자를 넣어본 적 있나요? 당연히 해야 하는 출근을 굳이 적는 게 무슨 의미가 있나 싶겠지만, 당연한 일을 적고 체크 표시를 하는 것 자체로 작은 성취감을 느낄 수 있습니다.

텍사스대학 총장 윌리엄 H. 맥레이븐은 그의 책 《침대부터 정리하라》에서 아침에 침대를 정리하는 일이 '해냈다'는 마음을 불러일으켜 그 뿌듯함으로 기운 없던 마음에도 힘을 실어준다고 했습니다.

이와 마찬가지로 어차피 할 출근이라는 글자를 to do list에 적고 해낸 일로 체크해두면 그날 해야 할 큰일을 이미 성취하며 하루를 시작할 수 있습니다. 출근이 하루 중 많은 시간과 에너지를 쓰는 대단한 일과임에는 틀림없으니까요.

한 친구가 저에게 "난 올해 엄마가 나를 바라보는 시선으로 나를 바라보는 사람이 되고 싶어."라며 다이어리 맨 앞 페이지에 '엄마의 눈으로 나를 바라보기'라고 썼습니다. 무슨 뜻인지 물어봤더니 엄마는 친구가 출근하는 것도, 퇴근하는 것도, 건강한 것도, 밥을 맛있게 잘 먹는 것까지도 늘 자랑스러워하시고 늘 수고

했다고 말해주신다는 거예요. 그런데 정작 자신에게는 그런 말을 못해줬다고요. 그래서 엄마의 눈으로 자신을 바라보면서 수고했다는 말, 잘했다는 말을 자주 해줄 거라는 거죠.

다이어리에 '출근' 혹은 '등교'와 같이 당연하게 여기는 일, 그보다 더 작은 일을 적어보세요. 예를 들어 '일어나자마자 물 한 잔 마시기' 같은 것들이 있죠. 큰 노력 없이 자연스럽게 할 수 있는 아침의 성취를 다이어리에 적고 체크하며 하루를 시작한 작은 습관이 큰 성취를 이뤄낼 수 있는 자신감을 선물할 거예요.

Chapter 10

20배 더 이루는
버킷리스트 작성법

　명언을 적었던 앞표지에 붙은 페이지처럼 뒤표지에 붙은 페이지도 있습니다. 여기에 저는 항상 그해 버전의 버킷리스트를 적습니다. 작년 버킷리스트에 있던 항목이 올해는 시큰둥해지기도 하고 1년 사이 이룬 일도 생기니 그런 것들은 지워가면서 버킷리스트를 업데이트해 작성하는 것이지요.

　'버킷리스트'라는 말은 중세시대에 자살할 때 목에 밧줄을 감고 양동이를 차는 행위를 의미하는 'kick the bucket'에서 유래했습니다. 죽기 전에 하고 싶은 일을 의미하지요. 다소 꺼림칙한 유래 때문에 정이 가는 표현은 아니지만, 지금부터는 버킷리스트에 대해 이야기해보려고 합니다. 언젠가 꼭 해보고 싶은 일의 목록을 매년 적고 이루는 방법에 대해서요.

버킷리스트를 한 번쯤 떠올려보거나 작성해본 분들이 많을 거라 생각합니다. 그런데 매년 얼마나 추가하고, 얼마나 이루며 살고 계신가요? 새해를 맞이해 새 다이어리를 쓸 때가 아니면 버킷리스트를 떠올릴 일이 거의 없습니다. 또 경험이 쌓여가면서 하고 싶은 일도 줄어듭니다. 그럴 때 우리가 해야 할 일은 관심을 두지 않던 영역으로 눈을 돌리는 일입니다. 다시 한번 말하지만, 생각이 나서 글을 쓰는 것이 아니라 글을 쓰니까 생각하는 것입니다.

생각에서 그치지 않고 정말 실천 가능한 버킷리스트를 만들기 위해서는 아래 순서를 따라야 합니다.

1. 버킷리스트를 쓴다.
2. 올해 마음먹으면 할 수 있는 항목에 체크한다.
3. 체크한 항목들을 하나씩 보면서 구체적인 시기, 날짜를 계획한다.

돈이나 시간이 발목을 잡는다면 버킷리스트를 중점으로 올해 휴가를 계획하거나 이를 위한 적금을 들어보는 게 어떨까요. 바쁘게 흘러가는 삶에서 버킷리스트가 자연스럽게 따라오기란 너무 어려운 일이고, 그렇게 따라오기만을 기다리기엔 우리의 삶은 소중하니까요.

저는 9월 마지막 주가 되면 좀 더 특별한 버킷리스트를 작성합니다. 주말이 14번 남은 시점인 9월 마지막 주에 남은 14번의 주말을 위한 버킷리스트를 작성하는 것입니다. 일명 '14 인사이트(insights)'입니다.

직장생활을 하던 몇 해 전 9월, 평범한 일상을 보내다 문득 올해가 끝날 때까지 남은 주말이 몇 번이나 되는지 궁금해졌습니다. 그래서 세어보니 14번이 남았더라고요. 생각보다 시간이 얼마 안 남은 것 같아서 한 주에 하나씩 인사이트를 얻을 수 있는 경험을 하나씩 해봐야겠다는 마음이 들었죠. 그래서 다이어리 맨 마지막 페이지에 적어두었던 버킷리스트를 포함해 하고 싶었거나 배워보고 싶었던 일을 엄선해 써 내려갔습니다.

'단양에서 단풍 보면서 패러글라이딩, 법률 관련 클래스 등록, 중국어 수업 등록, 심리학 독서 모임, 강릉 안반데기에 가서 쏟아지는 별 구경' 등이 있었죠.

그렇게 엄선한 14가지 일들을 14번의 주말에 하기 시작했습니다. 예약이 필요한 일은 미리 예약했고요. 시간이 지나 연말까지 14번의 주말을 보내고 나니 뿌듯함은 말할 것도 없고, 한층 성장한 자신을 발견하게 됐습니다. 늘 생각만 해오고 미루던 것들을 해냈으니까요.

매주 한 가지씩 할 일들을 정해 실천하는 것은 꾸준히 해야 한다는 부담감이 없어 좀 더 가볍게 행동하게 만들어줍니다. 9월, 꾸준하지 않아도 되는 단 한 가지 목표라도 떠오른다면 적어보세요.

Chapter 11

월말, 상반기, 하반기,
연말 결산

□ 이번 달은 어땠나요?

한 달을 마무리하면서 그 달을 한 문장으로 정의해보세요. 그리고 그렇게 작성한 이유와 그때의 감정과 생각을 아래에 적어보세요. (부록 2. 월말 결산 부분 참조) 칸을 모두 채우지 않아도, 짧게 적어도 좋습니다. 나아가 적은 내용을 바탕으로, 다가오는 달은 어땠으면 좋겠는지 그 바람을 담아 한 문장으로 정리해보세요. 내가 바라는 한 달을 보내기 위해서 해야 하는 일과 월초의 비장한 다짐도 함께 적습니다.

이 글의 가치는 한 달이 지난 후 진가를 발휘합니다. 월말 결산

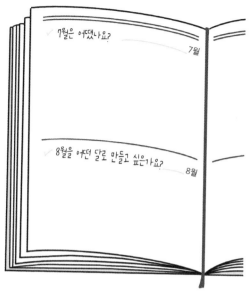

월말 결산 페이지

을 할 때가 되면 다이어리의 한 달 치를 모두 읽는 것이 아니라 월초에 내가 어떤 다짐을 했었는지를 읽고 평가합니다.

예를 들어 '7월은 어땠나요?'를 작성할 때는 7월 초 또는 6월 말에 작성한 '7월을 어떤 달로 만들고 싶은가요?'에 해당하는 글을 보고 정말로 그런 한 달을 보냈는지 스스로 평가하는 것입니다. 한 달 전의 나를 한 달 후에 내가 평가하는 셈이죠. 이렇게 매달 평가의 기준이 과거의 내가 되는 시간을 갖다 보면 내게 맞는 크기의 계획을 세우는 것에 익숙해지게 됩니다.

일이 바빠서 월말 결산을 하지 못하고 다음 달로 넘어간 경우에는 늘 '아, 어딘가 잘못됐다. 정리가 되지 않고 시간과 에너지가 뒤죽박죽 흐르고 있다.' 하는 기분이 듭니다. 반면 이 페이지로 한 달을 정리하고 또 새로운 한 달을 계획하고 나면 백이면 백, 문제점이 뭐였는지 어떤 길로 가야 할지가 명확해집니다. 막막한 경우에는 용기를 얻고, 불안한 경우에는 자신감을 얻습니다.

이 페이지는 '잠을 자고 일어날 때'와 비슷합니다. 유난히 힘들었던 하루가 끝나고 따뜻한 욕조에 몸을 담가 반신욕을 한 뒤, 한숨 푹 자고 나면 다음 날 다시 시작할 힘을 얻습니다. 다시 해가 뜨고 새로운 하루가 시작되죠.

이 페이지를 쓰면 지난 한 달이 명료하게 정리됩니다. 그리고 다가오는 한 달을 어떻게 보내고 싶은지 기대하는 마음을 갖게 됩니다. 이 페이지를 쓰지 않는다는 것은 잠을 자지 않고 계속해서 깨어있는 것과 같습니다. 여러분은 진짜 휴식을 취하고 새로운 하루를 시작하고 있나요?

□ 상반기, 하반기는 어땠나요?

6월이 끝나면 상반기를 결산하는 페이지, 〈Adieu 상반기〉가 있습니다. (부록 2. 상반기 결산 부분 참조) 1~6월 각 달의 주요 사건을 키워드로 정리하는 것입니다. 그리고 상반기를 한마디로 정리해보는 시간도 갖습니다. '_____한 상반기'로 정리하는 거예요.

상반기 결산을 하는 이유는 올해 초 세워둔 목표에 얼마나 다가갔고 내 결심에 변화가 없는지, 어떤 길로 걸어왔고 또 어떤 길로 어떻게 걸어가고 싶은지 다시 한번 확인하기 위함입니다. 12월부터 6월까지의 다이어리를 다시 읽어보면서 이 페이지를 채워보세요. 만약 작성한 다이어리가 아직 없다면 휴대폰 앨범이나 달력을 보며 떠오르는 일들을 가지고 작성해보세요.

지나간 시간을 짤막한 키워드로 정리해 표를 채워가다 보면 생각보다 많은 걸 했다는 걸 직관적으로 알게 되어 안도감을 느낄 때가 많습니다. 그 안도감은 하반기에 더 잘해보자는 다짐으로 이어집니다. 이렇게 1년을 반으로 자르면 하반기를 시작할 때 마치 새로운 한 해를 시작하는 듯한 기분도 느낄 수 있습니다.

상반기를 한 문장으로 정리하는 것 역시 월말 결산을 하는 것과 같은 맥락입니다. 다만 좀 더 장기적인 시야로 목표와 진행

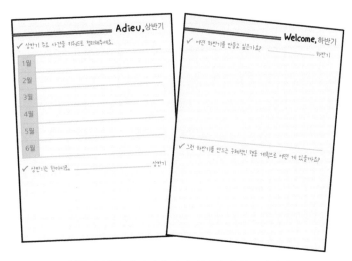

상반기 결산 페이지와 하반기를 맞이하는 페이지

정도를 바라보게 한다는 것이 조금 다릅니다.

상반기 결산 페이지를 넘기면 〈Welcome, 하반기〉가 나오는데요. 여기서 우리는 2가지 질문에 답을 해봐야 합니다. '어떤 하반기를 만들고 싶은가요?'와 '그런 하반기를 만드는 구체적인 행동 계획으로 어떤 게 있을까요?'입니다.

첫 페이지에 1년에 걸쳐 해야 할 행동 계획 5가지를 정한 것과 마찬가지로 지나온 6개월의 시간은 뒤로하고 앞으로의 행동 계획을 다시 한번 생각해보도록 한 것이죠.

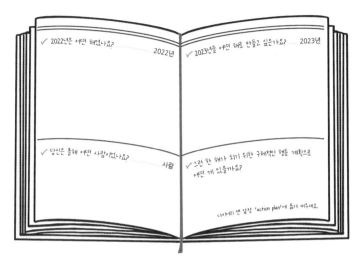

연말 결산 페이지

□ 올 한 해 어땠나요?

연말 결산 페이지도 같은 방식으로 생각한 후 적으면 됩니다. (부록 2. 연말 결산 부분 참조) Chapter 12에서 소개하겠지만 저는 다이어리를 12월에 시작해 11월에 끝내기 때문에 연말 결산 페이지가 다이어리의 초반부, 12월이 끝나는 곳에 위치해 있습니다.

지난 1년간의 다이어리를 읽으며 상반기 키워드에 더해보기도 하고, 하반기는 새로운 키워드로 정리해 표 하나로 지나간 시간을 시각화합니다. 바로 이때 내가 어떤 점을 찍고 있는지가 보이고, 앞으로 어떤 그림을 그리고 싶은지 떠오릅니다.

하반기에 제 강의를 들은 분들은 "다이어리를 쓰기 전인 상반기에는 아무리 생각해도 떠오르는 키워드가 별로 없어요."라고 입을 모읍니다. 반면 하반기 결산 페이지에는 빼곡하게 적은 뒤, 그것을 보면서 생각보다 잘 살아왔다고 느껴 앞으로 더 열심히 쓰는 사람이 되어야겠다 다짐했다고 합니다.

연말 결산 페이지는 그간 우리가 열심히 살아왔다는 보람을 온전히 느낄 수 있는 페이지이기도 합니다.

12월에 시작해서
11월에 끝내기

일반적으로 다이어리는 12월에 시작해 12월에 끝나는 구성이거나, 1월에 시작해 12월에 끝나는 구성을 갖고 있습니다. 그렇지만 저는 무조건 12월에 시작해 11월에 끝나도록 다이어리를 작성하시기를 권합니다.

다이어리가 11월에 끝났을 때 좋은 점은 자칫 안일해질 수 있는 시간마저 소중하게 느끼며 살아갈 수 있다는 점입니다. 보통 9월에서 10월은 여전히 반팔을 입을 만큼 더위가 가시지 않는 날도 있고, 쾌청함에 그저 시간을 흘려보내기 딱 좋은 날도 있습니다. 더욱이 겨울이나 연말을 떠올리기에는 이른 감이 있는 시기이지요. 그렇지만 다이어리를 펼쳐보면 제 다이어리 속의 시간은 한두 달밖에 남지 않은 시점입니다. 마음이 급해지면서 어떻게 살아야 알차게 잘 살았다고 소문이 날까 고민이 됩니다. 그리고 약간의 스트레스가 가미된 고민의 시간을 보내면, 다른 사람들이 그냥 흘려보내는 그 시간에 작은 일 하나라도 이룰 수 있습니다. 알차게 시간을 보내고 마침내 다이어리의 마지막 장을 덮으며 한 해를 정리를 해도 12월이라는 시간이 남아있는 것이지요. 마치 한 해의 끝에 한 달이라는 시간이 보너스로 생긴 기분이 듭니다. 그래서 약속이 많더라도 여유롭게 새해를 계획하며, 다가올 새해의 설렘을 느끼며 12월을 보내게 됩니다.

주위를 둘러보면 12월에 유독 조급해하는 사람들이 있습니다. 뭐라도 해야 할 것 같다는 생각에 쫓기듯 무언가 배우기 시작하는 사람도 있고, 연말 모임이 많으니 '뭐 했다고 1년이 갔지? 한 살 더 먹기 싫다.' 하고 생각하는 사람도 있습니다. 그렇게 정신없이 흘러가면서도 허무한 감정을 느끼는 달이 12월입니다. 반면 제 12월 달력을 확인해보면 빨간 투피스를 입고 〈호두까기 인형〉 발레 공연을 보러 간다거나 좋아하는 가수의 콘서트를 미리 찾아본다거나 하는 즐거운 일들이 유난히 많습니다.

12월에 새 다이어리를 쓰기 시작했을 때 좋은 점은 1월에 바로 행동하는 사람이 될 수 있다는 점입니다. 우리가 앞서 이 책에서 고민했던 수많은 질문을 저는 12월 한 달에 걸쳐 오랫동안 여유를 갖고 고민합니다. 고민 끝에 다이어리 첫 장에 한 해를 결정할 키워드를 적고 행동 계획도 세워둡니다. 그리고 1월이 되면 기쁜 마음으로 그것들을 위해 달려갑니다.

주변 사람들을 보면 1, 2월에는 설 연휴도 있겠다, 바뀐 한 해를 어색해하면서 시간을 흘려보냅니다. 1월부터 계획하기 시작한 사람들은 2월부터 조금씩 움직이기 시작합니다. 여기서 한 달의 시간차가 또 발생합니다. 다이어리를 12월부터 쓴 사람들은 1월부터 본격적으로 움직이고 그렇지 않은 사람들은 2월부터 움직이기 때문입니다.

시간을 쓰는 순서만 바꿨을 뿐인데 우리는 두 달의 시간이 더 생긴 것 같은 기분을 느낄 뿐만 아니라 심지어 더 알차게 살아갈 수 있습니다.

Chapter 13

꾸준히 쓰는
습관 들이는 법

강의하다 보면 유난히 다이어리를 쓰는 시간과 습관 들이는 법에 대한 질문을 많이 받습니다.

우선 저는 평균적으로 하루에 5분 정도 들여 다이어리를 씁니다. 매일 쓰는 글의 양을 살펴보니 4~5문장 정도더라고요. 모든 페이지가 빼곡한 것처럼 보이지만 사실 위클리의 한 칸은 생각보다 작고, 작은 칸 8개를 두 페이지에 모아놓으니 (부록 2. 위클리 부분 참조) 굉장히 긴 글을 쓴 것만 같은 착각이 듭니다. 하루 5분으로 이뤄낼 수 있는 일이 이렇게나 많다니, 기적이라 불러도 손색이 없지요?

다이어리를 아침에 쓰는 게 좋은지, 아니면 저녁에 쓰는 게 좋은지 묻는 분들이 많은데요. 저는 그날그날 컨디션에 따라 저녁에 쓰기도 하고 아침에 쓰기도 합니다. 뿐만 아니라 점심시간에 쓰기도 하고, 퇴근 후 약속 시간 전에 잠깐 시간이 있을 때 쓰기도 합니다.

아침에 다이어리를 쓰면 하루를 어떻게 보낼지 계획하면서 좋은 에너지를 충전할 수 있습니다. 저 같은 경우, 보통 아침에 다이어리를 쓰는 날엔 어제의 생각과 감정을 기록하면서 오늘의 계획을 작성합니다. 한편 밤에 다이어리를 쓰면 하루를 돌아보며 반성하기도, 스스로를 다독일 수도 있습니다. 내일의 할 일을 떠올리며 to do list를 미리 작성하면 시간이 한눈에 들어오면서 하루가 정돈된다는 느낌을 가질 수도 있지요.

다이어리를 아침에 쓸지, 저녁에 쓸지 약속처럼 정하려고 하는 분이 많은데, 저는 시간을 정하기보다 언제라도 좋으니 5분의 짬을 내서 쓰기를 권합니다.

다이어리를 꾸준히 쓸 수 있는 습관을 만드는 방법은 일단 가지고 다니는 거예요. 저는 출근할 때도, 미술관에 갈 때도 다이어리를 늘 가지고 다닙니다. 언제 다이어리를 쓰고 싶어질지 모르니까요. 미리 다이어리를 쓴 날은 다이어리를 두고 가기도 하지만 평일에는 내내 다이어리를 가지고 다닙니다. 지인 중에 자기 전 침대에서 쓴다, 아침에 일어나서 쓴다, 하면서 규칙을 정하는 분이 있는데, 그렇게 하면 습관을 잃기 더 쉽더라고요. 가방에 있으면 가지고 나온 게 아까워서라도 괜히 펼쳐보게 됩니다. 그러니 일단 가지고 다니면 좋습니다.

다이어리를 꾸준히 쓰려면 많은 양을 채우려는 부담을 내려놓으세요. 잘 쓴 다이어리의 기준은 뭘까요? 매일 꼬박꼬박 쓴 다이어리? 긴 글로 빼곡하게 채운 다이어리? 정답은 둘 다 아닙니다! 잘 쓴 다이어리는 '남에게 보여주기 싫은' 다이어리입니다. 제 다이어리 속에는 불안해하고 실패하는 모습, 사소한 일에 기뻐하는 모습, 사랑에 아파하는 모습 등 혼자만 알고 싶은 순간들이 투명한 민낯을 드러내고 있습니다. 제게 다이어리는 누구에게도 보여주고 싶지 않은, 저를 성장시키는 대나무 숲입니다.

다이어리는 매일 쓰지 않아도 좋습니다. 지금까지 한 번도 다이어리를 끝까지 써본 적이 없었는데 하루도 빠짐없이 매일 쓴다고 생각하면 부담으로 다가올 수도 있습니다.

한 해 동안 손때 묻은 다이어리를 좌르륵 넘겨보는데 중간중간 아주 짧게 쓴 글들도 보입니다. 과연 그 짧은 글은 꼬박 채운 다이어리에 흠이 될까요? 그렇지 않습니다. 전혀 신경 쓰이는 부분이 아닙니다. 다이어리를 12월부터 11월까지 포기하지 않고 썼다면 중간에 비어있는 칸이 있더라도 생각만큼 거슬리지 않습니다. 다만 어떤 날에는 궁금해질 거예요. '이 날은 왜 안 썼을까?' 미래에 궁금해할 나를 위해 한 문장이라도 남겨보면 어떨까요? '컨디션이 안 좋아 하루 종일 먹고 잤음!' 하고요.

다이어리는 나만 보는 것이니 예쁘게 포장하려는 마음을 갖지 않는 것도 꾸준히 쓰는 데 도움이 됩니다. 10년 이상 다이어리를 쓰면서 하루도 빠짐없이 나에게 하는 질문이 있습니다.

'이게 진짜 내 마음에 가장 밑바닥이 맞나?'

'이 글에 정말 허세가 없나? 솔직한 마음인가?'

매일 다이어리를 펼칠 때마다 떠올립니다. 그만큼 제가 매일 쓰는 글에 '척하기'는 금지입니다. 괜찮은 척, 착한 척, 행복한 척, 쿨한 척, 여유로운 척….

모든 거품을 걷어내고 날 것의 모습을 드러내다 보면 글을 쓰는 것이 절로 재밌어집니다. 믿을 만한 친구에게 속마음을 털어놓고 웃음 짓거나 눈물 흘릴 때 지루할 리 없는 것처럼요. 포장하지 않는 투명한 대화는 사회적 가면을 벗겨줘 낯선 후련함을 선물합니다.

Chapter 14

좋은 다이어리 고르는
7가지 기준

매년 다이어리를 사기만 하고 끝까지 쓰지 못하는 건, 대부분 의지의 문제보다 자신에게 맞는 다이어리를 고르지 못해서일 가능성이 높습니다. 저 역시 비장한 마음으로 다이어리를 사서 1월에만 바짝 쓰고 책장에 처박아 둔 뒤 또 다른 다이어리를 사고, 그렇게 쌓인 다이어리가 한 박스는 될 것입니다. 그 후 저는 수년간 실패를 반복하고 매년 시중에 판매되는 100~200권의 다이어리를 모두 펼쳐보고 분석했습니다. 그러면서 잘 쓰게 되는 다이어리에는 특징이 있다는 걸 알게 됐습니다.

첫째, 만년형이 아닌 날짜형 다이어리를 사용하는 것이 좋습니다.

날짜가 모두 기입된 다이어리를 날짜형, 반대로 날짜를 직접 채워야 하는 다이어리를 만년형이라고 합니다. 여러분은 어떤 다이어리를 쓰나요? 그동안 끝까지 다이어리 쓰기에 실패한 원인의 50퍼센트는 여기에 있다고 해도 과언이 아닙니다.

예를 들어 만년형 다이어리에 1일, 2일, 3일이 있다고 했을 때, 2일 날 아무 일 없이 쉬기만 했으면 쓸 말이 없다는 생각에 자연스럽게 1일 뒤에 3일을 붙여 씁니다. 올해는 정말 마음먹었으니 빈칸이 없도록 완벽하게 유지하고 싶기 때문이죠. 무의미한 완벽주의는 유독 다이어리를 쓸 때 강하게 표출되곤 합니다. 이 현상이 극대화되면 4월 다음에 6월, 7월 다음에 11월로 넘어가기도 합니다.

다이어리에서 칸을 없앤다고 정말 없는 날이 되나요? 오히려 '허비했다'는 사실을 제대로 인지해야 알차게 살고 싶은 마음이 생깁니다. 그러니 날짜형 다이어리를 쓰면서 차라리 칸을 비워주세요!

둘째, 모서리가 둥글고 이음매가 볼록하며 방수 처리가 된 다이어리가 튼튼합니다.

매일 다이어리를 가지고 다니다 보면 모서리가 찍히거나 찢어지는 일이 발생합니다. 물건이 손때가 타면 더 애틋한 마음이

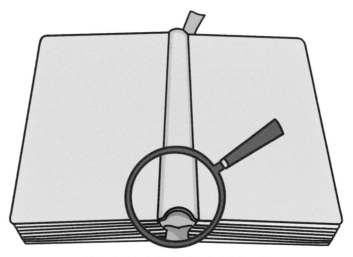

책등이 볼록하게 떠 있는 다이어리 모습

드는데, 찍히거나 찢어져 더러워지면 빨리 새것으로 바꾸고 싶은 마음에 소중하게 느껴지지 않습니다. 모서리가 둥글게 마감된 다이어리는 이런 손상으로부터 다이어리를 한 번 더 보호합니다.

위 그림처럼 책등 부분이 볼록해서 눌렀을 때 유연하게 들어가는 다이어리는 수없이 여닫아도 쉽게 닳지 않습니다. 때문에 오래 쓰기에 좋습니다.

그리고 이왕이면 방수 처리가 되어있으면 좋아요. 실수로 커피를 쏟았는데 다이어리가 그대로 흡수하면 너무 속상할 테니까요. 따라서 어느 정도 방수가 되는 PVC, 비건가죽, 플라스틱

등으로 커버가 만들어진 다이어리를 추천합니다.

셋째, 위클리 칸에는 내가 매일 쓸 수 있는 글의 양이 들어가야 합니다.

다이어리가 날짜형인 것을 확인했다면 다음으로 가장 중요한 것은 위클리 페이지를 펼쳐 칸의 크기를 확인하는 일입니다. 위클리 칸의 크기가 내가 매일 쓸 수 있는 글의 양에 맞는지를 보는 것이죠. 너무 넓어서 부담스럽게 느껴진다면 좁은 칸으로, 쓰고 싶은 글이 많은데 너무 좁아 보이면 좀 더 넉넉한 칸으로 고르는 것이 바로 내게 딱 맞는 다이어리를 고르는 핵심입니다.

여기서 한 가지 염두에 두면 좋은 게 있습니다. 연말 결산 페이지를 통해 한 달을 한 조각으로 보는 것과 같이 위클리 역시 마주 보는 두 페이지가 한눈에 들어오는 다이어리를 쓰면 좋다는 것이죠. 그럴 경우, 한 주 역시 한 조각으로 볼 수 있는 시각적 효과가 있기 때문입니다. 그래서 저는 다이어리를 제작할 때 이 점에 유의해서 위클리 칸의 크기를 넓히면서도 두 페이지를 벗어나지 않도록 디자인했습니다.

넷째, 고정 밴드가 있으면 끝까지 단정하게 유지할 수 있습니다.

때때로 저는 다이어리에 추억하고 싶은 날의 기억을 붙이거나(티켓, 사진 등) 새로운 운동이나 어학원에 등록했을 때의 수강증이나 영수증을 붙입니다. 그러다 보면 어느 순간 다이어리가 조금씩 두꺼워지고, 가방 안에서 열려 구겨지는 일이 생깁니다. 이때 고정 밴드가 필요합니다. 고정 밴드가 다이어리를 잡아줘 한 해 동안 단정하게 유지할 수 있게 도움을 줍니다.

다섯째, 군더더기가 없고 마음에 드는 디자인이어야 끝까지 쓰는 데 방해가 되지 않습니다.

다양한 니즈를 반영한 다이어리가 출시되다 보니 그중에는 세계지도, 루틴, 연간 계획 등 필요하지 않은 페이지가 많은 부분을 차지한 제품도 있습니다. 그러나 뭔가 채워야 하는 칸이 많은 다이어리는 마음에 부담을 주기 때문에 끝까지 쓰는 데 방해가 되기 쉽습니다. 그러므로 다이어리를 고를 때는 나에게 필요한 페이지와 칸만 주어지는 것을 택하는 게 좋습니다.

내 마음에 꼭 드는 디자인 또한 중요합니다. 지갑보다 더 자주 만지게 되는 게 다이어리이니까요. 회사나 카페에서 받은 다이어리가 썩 마음에 들지 않는다면 나의 성장을 위해 투자한다는 생각으로 마음에 드는 디자인을 찾을 때까지 심사숙고해서 골라보세요. 고민한 만큼 애정이 생길 거예요. 2만 원 정도 되는 물건이 1,000만 원을 줘도 바꾸지 않을 가치로 변화하는 과정이 삶에 어떤 자신감을 선사하는지 꼭 경험해보기 바랍니다.

여섯째, 개인의 휴대성에 맞는 크기도 중요합니다.

제가 매일 가지고 다니기에 가장 적합한 크기는 A5 사이즈였습니다. 너무 커도 안 되지만 또 너무 작으면 중요한 내용을 작성할 때 불편할 수 있습니다. 그러니 개인의 휴대성에 잘 맞는지 꼭 점검하세요.

일곱째, 메모 페이지의 양을 고려해 골라야 합니다.

보통 다이어리에 들어가는 메모 페이지는 여분이라고 생각해 중요하게 여기지 않는 경우가 대부분입니다. 하지만 때로는 갑자기 생각이 많아지는 날도 있으니, 그날을 위해 메모 페이지가 넉넉한 걸 고르면 좋습니다. 메모 페이지에는 꼭 글이 아니더라도 그림, 마인드맵 등 자유롭게 표현하고 기록할 수 있습니다.

앞서 살펴본 7가지 조건을 따져가며 다이어리를 골랐나요? 그렇다면 생각보다 빠르게, 생각보다 큰 성취를 거둘 준비는 이미 끝난 것이나 다름없습니다.

성취의 핵심은 솔직한 결산과 정리다!

☐ 다이어리에 쓸 목표를 정할 때는 내가 근본적으로 어떤 사람이 되고 싶은지 고민하여 자신만의 특별한 키워드를 만들어보자.

☐ 목표를 달성하기 위한 행동 계획을 설정할 때는 어떤 행동을 언제, 어떻게 어떤 빈도로 할 것인지 가능한 상세하게 적어보자.

☐ 매달 '하고 싶은 일'을 생각해 적어두면 그 일을 하고 싶지 않을 때 동기부여가 된다. 뿐만 아니라 여유 시간이 생겨 뭘 해야 할지 모를 때 허탈감이 들지 않고 끝까지 기분 좋게 그 시간을 보낼 수 있다.

☐ to do list에 '출근'이나 '일어나자마자 물 한 잔 마시기'와 같이 당연하고 사소한 일을 기록해보자. 작은 성취를 느끼면 큰일도 거뜬히 해낼 자신감이 생긴다.

□
□

□ 월말, 상반기, 하반기, 연말 결산을 잘 해두면 지나온 시간을 명확히 인식하게 되고 현실적이고 전략적인 계획을 세울 수 있다.

□ 매일 쓰지 않더라도 자신의 감정에 솔직해야 한다. 누구에게 보여주기 위한 글이 아니니 최대한 솔직하게 감정을 털어놓자.

잘 쓴 다이어리 한 권, 열 지니 안 부럽다!

'잘 쓴 다이어리 열 지니 안 부럽다.'
처음 다이어리 클래스명을 고민하다가 지은 첫 번째 이름입니다.

편입 공부를 시작하면서 저는 다이어리에 이렇게 적었습니다.
"오늘, 4달째 새벽 6시에 학원에 나오는 데 성공했다. 편입이 어둠 속에서 바늘에 실을 꿰는 정도의 경쟁률이라고 하지만 꼭 합격해서 한강을 건너 등교할 거다. 열심히 아르바이트도 해서 부모님께 맛있는 것도 사드리고, 1년 후엔 유럽 여행도 가야지. 아… 내가 욕심이 너무 많은 것 같다. 이 중에 딱 하나라도 이뤄지면 좋을 텐데, 과연…"

수년이 지나고 다이어리를 다시 읽어보았습니다. 자신감 있던 다이어리의 시작과 다르게 마지막은 알 수 없는 불안으로 가득했습니다. 참 힘든 시간을 보냈구나, 싶었습니다. 꿈꿔오던 모든 일이 이루어진 시점에서 그 글들을 보니, 힘들었던 기억이 나지 않았습니다.

마치 만화영화 <알라딘> 속 램프의 요정 지니가 뿅! 하고 소원을 이뤄주듯, 과거의 제 소원이 현실이 된 것 같은 기분이었어요.

이 책의 집필을 끝내고 원고 전체를 읽어봤을 때의 기분을 잊을 수 없습니다. 이 책에 담긴 모든 것이 제 것이 아니라고 여겨졌습니다. 저를 있게 한 멋진 어른들의 것이자, 몸소 다이어리의 힘을 입증해주신 많은 수강생분들의 이야기를 엮었을 뿐이라는 생각이 들었어요. 평범한 다이어리의 힘을 전하는 제게 기적을 경험하게 해주신 모든 분께 감사드립니다. 특히 30년 넘는 시간 동안 지혜를 가르쳐주신 부모님, 20대 내내 연약한 마음에 현명함을 가르쳐주신 김성희 선생님, 사랑하고 존경합니다.

지금도 제 삶에서는 다이어리로 인한 기적이 일어나고 있습니다. 여러분도 나만의 지니가 될 다이어리로 소원을 이루시기 바랍니다.

부록

부록 1
저자가 직접 작성한 다이어리 샘플

한 해의 목표와 행동 계획을 어떻게 세우고,
월간, 주간, 상반기, 하반기 정리를 어떻게 하는지
참고하세요.

부록 2
바로 활용 가능한 다이어리 포맷

책 내용을 참고해 자신의 목표와 행동 계획을 세워보고,
월간, 주간, 상반기, 하반기를 직접 정리해보세요.

나를 연인처럼 대하는

2023

✓ action plan

1. 주 3회 퇴근 후에 스피닝가기
2. 나를 믿는 마음으로 사업계획서 완성해서 지원사업 신청
3. 일주일에 하루는 의무적으로 쉬기
4. 가장 지치는 날 운동화 신고 미술관가기
5. 한 달에 2명 배울 수 있는 사람만나서 인사이트얻기

Sarr Archive

2

✔ 해야 할 일
☑ 미술치료 강의 수강
☑ 내 방 대청소
☑ 사업계획서 초안 완성

Sunday	Monday	Tuesday
5 탈잉 클래스	6	7 ←
12 탈잉 클래스	13	14
19 탈잉 클래스	20	21
26 탈잉클래스	27	28

✓ 하고 싶은 일

☑ 제주도 예쁜 카페에서 다이어리쓰기
☑ 두부랑 누워서 드라마 정주행🐱
☑ 엄마 생신에 전망좋은 레스토랑가기

Wednesday	Thursday	Friday	Saturday
	2 엄마생신♥	3	4
8 제주 ——————— 9 ————————→		10 치과 16:00	11
15 사업계획서 part 1 작성 완료	16	17 롯데뮤지엄	18
22	23 리서치 보완	24	25 할머니생신♥

● GOAL : 사업계획서 일단 끝까지 초안 작성하기

20 MON

☑ 출근
☑ 스토어 신상품업로드
☑ 책읽기
☒ 전시후기글 쓰기

주말부터 두통이 심했는데 아침까지도 아파서 생각만큼 오전 내내 집중하지 못했다. 마음은 급한데 몸은 따라주질 않으니 답답하기만 한 요즘이다. 우선 몸을 돌봐야겠다 싶어서 오랜만에 샐러드도 먹고 운동도 새로 등록했다! 내 작은 변화들을 응원 하는 것 부터 시작해야지!

21 TUE

☑ 출근
☑ 기획 → 마인드맵
☑ 원고 목차 작성
☑ 저작권법 알아보기

마음은 급한데 행동은 느려지기만 하는 내 상태를 뭐라고 설명할 수 있을까 하다가, '지루함' 이라는 단어가 떠올랐다. 홀린 듯 도서관에 가서 〈지루함의 심리학〉을 뽑아 들었다. 지루함이란. 뭔가를 원하지만 만족스러운 활동에 참여할 수 없어서 아쉽고 불편한 마음이라는 것이다. 지루함은 우리가 정신능력을 발휘하고 싶지만 그렇게 할 수 없어서 무엇에도 몰입하지 못할 때 느끼는 감정이다.

22 WED

☑ 출근
☑ PT 17:00
☑ 예술 컨텐츠특강
☑ 원단 견적받기

해야 하는데.. 빨리 써 내려가야 하는데.. 생각은 나질 않고 그냥 미루고 싶고 짜증만 났다. 운동도 가기 싫었지만 꾹. 참고 다녀왔더니 기분은 좀 나아졌다. 계속 제자리 걸음 중인 것 같다고 느껴지니, 그냥 내 주제가 잘못됐나 싶어 갑갑하다! 으아악!

23 THU

☑ 출근
☑ 경쟁사 리서치 보완
△ 긍정심리학 서적대여하기
☐

윤쌤이랑 하루 종일 사무실에서 머리를 맞대고 기획을 하는데 여전히 풀릴 기미가 없는 엄청난 실타래가 쌓여있는 기분이다. 이러다가 지원 조차 못하는 거 아닐까.. 내가 그럴 깜냥이 안 되는 게 아닐까 하는 두려움이 든다. 합격은 고사하고 끝까지 마무리라도 지어보고 싶다.

24 FRI

아침 일찍 출근하는데 내내 성공하고 있는 한 주다. 홀로서기를 하고부터 아침 출근 시간을 지키는 게 어렵고도 중요한 숙제가 됐다. 부끄러울 만큼 엉망이지만 사업계획서 두 번째 파트에 글자를 써넣었다. 어느 세월에 이걸 다쓰지..? ㅎㅎ 끝을 생각하지말고 오늘의 몫을 해 낸 나를 마구 칭찬해야겠다.

☑ 출근
☑ 상일회계법인 출강
☒ 사업계획서 pt 2
☑ PT 17:00

25 SAT

결혼식에 갔다가 집에 가면 눕고 싶을 것 같아서..! 출근했다. 조금 더 일찍 나와서 할 일이 많았는데 처참히 실패했다ㅋㅋ 반성의 의미로 야근이라도 한다..

☑ 결혼식 12:00
☑ 책, 논문 읽기
☑ 떠오르는 것 뭐든쓰기
☒ 사업계획서 쓰기

26 SUN

일주일에 하루는 꼭 쉬자는 약속이 무색하게 요즘 하루도 빠짐없이 사무실에 나오고 있다. 그런데 신기한 건 강의를 하고나면 에너지가 쏙! 충전되는 기분이라는 거다. 오랜만에 지은이를 만나서 이런저런 얘기를 하다보니 묵직하던 머리와 마음이 가벼워진다. 휴식을 선물하는 친구가 있다는 건 정말 행운이야!

☑ 탈잉클래스 15:00
☑ 휴식!!
☑ 지은이 18:00
☐

● 이번 주는 어땠나요? 잘하고 싶어서 발악했던 한 주

지원사업 합격하고 싶다! 정말 너무 합격하고 싶다! "그냥 경험 삼아 해보는 거야~ 기대 안 해~"라는 말로 나를 속이고 싶지 않다. 그런데 욕심만 크지 아직 모든 준비가 미흡해서 내내 답답하고 자책도 했다. 그럼에도 죽이 되든 밥이 되든 끝까지 최선을 다해볼 거다. 두 달 후의 나야.. 괜찮니?

✔ 2월은 어땠나요? 본질에 가까워지려고 고군분투했던   2월

2월 초의 결심과 달리, 한 달 내내 내 사업의 뿌리를 튼튼하게 다지고 싶어서
이리 뛰고 저리 뛰었지만 여전히 내 기획은 미완성이다. 조바심이 났고
내가 재능이 없나 자책도 했다. 떨어진 자신감으로 나를 몰아세우면서도
나를 위한 일들은 제일 먼저 미룬 걸 발견했다. 그래서 2월의 후반
1/2은 좋은 음식을 먹고 운동도 하고 예술을 가까이 하려고 노력했다.
내가 지금 불만족스러운 이유는 뭘까? 나는 어떤 글을 쓰고 싶은가? 나는
사업을 통해 어떤 비전을 이루려고 하나? 답을 찾는 여정이 고통스럽지만
가까워지고 있음은 확실하다.

✔ 3월을 어떤 달로 만들고 싶은가요? 포기하지 않고 완성해 내고야 마는 3월

나를 자주 의심했고, 답이 없는 고민을 하며 시간 낭비 하는 건 아닐까
무서웠다. 그래서 3월에는 주먹을 꼭 쥐고, 두려움에 다리가 후들
거려도 눈을 크게 뜰 거다! 매순간 그때 할 수 있는 최선을 다할
거고, 어떻게 해서든 사업계획서를 완성할 거다. '절대 포기 하지 않
는 것.' 그게 3월의 목표다. 생각이 풀리지 않을 때는 '지금은
노트북이 아니라 펜과 다이어리가 필요한 때' 라는 뜻으로 알고 더
자주 펜을 들어야지!

Adieu, 상반기

✓ 상반기 주요 사건을 키워드로 정리해 주세요.

1월 자격증 취득, 뉴욕 여행, A사 협업 시작

2월 출근 전 회화 수업 시작, 독서모임 시작

3월 부산 가족 여행, 다리 다침 (ㅠㅠ)

4월 대구 출장, 우수 프로젝트 선정, 포트폴리오 재정비

5월 이직 성공, 단양 패러글라이딩, 콘서트, 유통 공부

6월 새 프로젝트 시작, 유럽 출장, 소개팅

✓ 상반기는 한 마디로,   나를 얕봤던   상반기

돌이켜보니 '올해도 빈틈없이 최선을 다해 살고 있었구나' 싶다. 그런데 막상 그 시간을 살아가는 동안 내 마음 상태가 어땠나 생각해 보니 나를 자랑스러워하는 날보다 걱정하는 날이 많았다. 고작 몇 달이지만 조금 떨어져서 보니 그랬던 내가 우스울 만큼 잘 살아가고 있는데 왜 그렇게 낮잡아 봤나 싶다. 그럼에도 짜증과 눈물이 섞인 순간마다 다이어리는 나를 따뜻하게 잡아줬다. 예상치 못한 순간을 마주하는 시간 속에서 나와 끊임없이 대화하고 어떤 날에는 내가 정말 원하는 꿈의 윗깃을 알아봤다. 내가 나를 얕보지 않았더라면 조금 덜 울었을 텐데, 하는 안쓰러운 마음과 동시에 그렇게 울더라도 해낸 내가 자랑스럽다.

Welcome, 하반기

✓ 어떤 하반기를 만들고 싶은가요? 더 자주 알아차리는 하반기

상반기보다 더 확신 있는 사람이 되고 싶다는 생각을 하다가, 내가 하는 모든 일에 확신을 갖고 두려워하지 않을 날은 결코 오지 않겠다는 생각이 들었다. 가족, 친구들과 특별한 시간을 보냈지만 늘 의무에 쫓겨 정작 내 속마음은 알아차리지 못한 때가 많았다. 그런데 내 상태, 내가 정말로 원하는 것, 내가 잘하고 있다는 사실, 즉 나 스스로를 알아차리지 못할 때는 뭘 해도 덜 만족스럽다. 그래서 내가 더 확신을 갖고 한 걸음 한 걸음 걸어가기 위해서는 나를 더 자주 알아차리는 게 무엇보다 필요하다.

✓ 그런 하반기를 만드는 구체적인 행동 계획으로 어떤 게 있을까요?

1. 퇴근 후 5분 명상하기

2. 주 3회 저녁 요가 출석하기

3. 궁금한 분야가 생기면 주저 없이 관련 클래스 찾기

4. 핸드폰 충전기 위치 침대에서 책상으로 옮기고, 자기 전에 멀리하기

5. 일주일에 하루는 충분한 휴식 취하기

✓ action plan

Sarr Archive

✓ 지난 해는 어떤 해 였나요? .... 해

✓ 당신은 지난 해 어떤 사람이었나요? .... 사람

✓ 올해를 어떤 한 해로 만들고 싶은가요? .... 해

✓ 그런 한 해가 되기 위한 구체적인 행동 계획으로 어떤 게 있을까요?

다이어리 맨 앞 장 'action plan' 에 옮겨 써주세요.

✓ 지난 달은 어땠나요? .... 달

✓ 이번 달은 어떤 달로 만들고 싶은가요? .... 달

✓ 해야 할 일

☐

☐

☐

	Sunday	Monday	Tuesday

✓ 하고 싶은 일

☐
☐
☐

Wednesday	Thursday	Friday	Saturday
-----	-----	-----	-----
-----	-----	-----	-----
-----	-----	-----	-----
-----	-----	-----	-----

- GOAL :

MON

☐
☐
☐
☐

TUE

☐
☐
☐
☐

WED

☐
☐
☐
☐

THU

☐
☐
☐
☐

FRI

☐
☐
☐
☐

SAT

☐
☐
☐
☐

SUN

☐
☐
☐
☐

- 이번 주는 어땠나요?

- GOAL :

MON

☐

☐

☐

☐

TUE

☐

☐

☐

☐

WED

☐

☐

☐

☐

THU

☐

☐

☐

☐

FRI

- [ ]
- [ ]
- [ ]
- [ ]

SAT

- [ ]
- [ ]
- [ ]
- [ ]

SUN

- [ ]
- [ ]
- [ ]
- [ ]

- 이번 주는 어땠나요?

- GOAL :

MON

☐
☐
☐
☐

TUE

☐
☐
☐
☐

WED

☐
☐
☐
☐

THU

☐
☐
☐
☐

FRI

- [ ]
- [ ]
- [ ]
- [ ]

SAT

- [ ]
- [ ]
- [ ]
- [ ]

SUN

- [ ]
- [ ]
- [ ]
- [ ]

- 이번 주는 어땠나요?

- GOAL :

MON

☐

☐

☐

☐

TUE

☐

☐

☐

☐

WED

☐

☐

☐

☐

THU

☐

☐

☐

☐

FRI

- ☐
- ☐
- ☐
- ☐

SAT

- ☐
- ☐
- ☐
- ☐

SUN

- ☐
- ☐
- ☐
- ☐

- 이번 주는 어땠나요?

✓ 지난 달은 어땠나요? .... 달

✓ 이번 달을 어떤 달로 만들고 싶은가요? .... 달

Adieu, 상반기

✔ 상반기 주요 사건을 키워드로 정리해 주세요.

1월	
2월	
3월	
4월	
5월	
6월	

✔ 상반기는 한 마디로, _____ 상반기

Welcome, 하반기

✓ 어떤 하반기를 만들고 싶은가요? 하반기

✓ 그런 하반기를 만드는 구체적인 행동 계획으로 어떤 게 있을까요?

당신의 기록은 꽤나 대단합니다

초판 1쇄 인쇄 2023년 6월 22일
초판 1쇄 발행 2023년 7월 5일

지은이 이경원
발행인 손은진
개발 김민정 정은경
제작 이성재 장병미
디자인 엄혜리

발행처 메가스터디(주)
출판등록 제2015-000159호
주소 서울시 서초구 효령로 304 국제전자센터 24층
전화 1661-5431 팩스 02-6984-6999
홈페이지 http://www.megastudybooks.com
출간제안/원고투고 writer@megastudy.net

ISBN 979-11-297-1073-4 03190

메가스터디BOOKS

'메가스터디북스'는 메가스터디㈜의 출판 전문 브랜드입니다.
유아/초등 학습서, 중고등 수능/내신 참고서는 물론, 지식, 교양, 인문 분야에서 다양한 도서를 출간하고 있습니다.